Che cos'è un dispositivo?
L'amico
La Chiesa e il Regno

―――――

Giorgio Agamben

丛书策划与资助 首都师范大学文化研究院

主编 汪民安

论友爱

[意] 吉奥乔·阿甘本 著

刘耀辉 尉光吉 译

北京大学出版社
PEKING UNIVERSITY PRESS

著作权合同登记号 图字：01-2012-1148

图书在版编目（CIP）数据

论友爱 /（意）吉奥乔·阿甘本（Giorgio Agamben）著；刘耀辉，尉光吉译．—北京：北京大学出版社，2017.3

（雅努斯思想文库）

ISBN 978-7-301-27561-0

Ⅰ．①论… Ⅱ．①吉… ②刘… ③尉… Ⅲ．①福柯（Foucault, Michel 1926–1984）—哲学思想—研究 Ⅳ．① B565.59

中国版本图书馆 CIP 数据核字（2016）第 224443 号

Che cos'è un dispositivo? /L'amico/La Chiesa e il Regno by Giorgio Agmben
Che cos'è un dispositivo? © 2006 nottetempo srl
L'amico © 2007 nottetempo srl
La Chiesa e il Regno © 2010 nottetempo srl
本书简体中文翻译版由 nottetempo srl 出版公司授权北京大学出版社出版发行。

书　　　名	论友爱 LUN YOU'AI
著作责任者	［意］吉奥乔·阿甘本（Giorgio Agamben）　著　刘耀辉 尉光吉 译
责任编辑	于海冰
标准书号	ISBN 978-7-301-27561-0
出版发行	北京大学出版社
地　　　址	北京市海淀区成府路 205 号　100871
网　　　址	http://www.pup.cn　新浪微博：@北京大学出版社　@阅读培文
电子邮箱	编辑部 pkupw@pup.cn　总编室 zpup@pup.cn
电　　　话	邮购部 26752015　发行部 62750672　编辑部 62750883
印　刷　者	天津联城印刷有限公司
经　销　者	新华书店
	880 毫米 ×1230 毫米　32 开本　5.75 印张　71 千字 2017 年 3 月第 1 版　2023 年 12 月第 3 次印刷
定　　　价	36.00 元

未经许可，不得以任何方式复制或抄袭本书之部分或全部内容。
版权所有，侵权必究
举报电话：010-62752024　电子邮箱：fd@pup.cn
图书如有印装质量问题，请与出版部联系，电话：010-62756370

目 录

什么是装置? / *1*
论友爱 / *29*
教会与王国 / *45*

附录 / *60*

何谓同时代人? 吉奥乔·阿甘本 / *61*
什么是当代? 汪民安 / *80*
装置、机器、与生命—战争 姜宇辉 / *114*

什么是装置？[1]

1. 在哲学中，术语问题非常重要。正如我十分尊敬的一位哲学家所说的，术语乃思想的诗意时刻。这并不意味着哲学家必须不断地对他们的专门术语做出界定。柏拉图从未定义过"理念"一词，而这是他最重要的术语。其他一些人，比如斯宾诺莎和莱布尼茨，则更喜欢从几何学层面去界定他们的术语。

我想提出的假设是，在福柯的思想策略中，

---

[1] 本文的翻译参考了王立秋的译本，译者在此谨表谢意。王译本参见《当代艺术与投资》2010年第9期。（本书正文部分的页下注，全部为译者注，不再特别标明。）

dispositif("装置"、"部署")或者说英文的apparatus("装置")一词，是一个决定性的专门术语。[1] 他频频使用这个术语，自1970年代中期以后，尤其如此，那时，他开始关注他所谓的"治理术"（governmentality）或"人的治理"。尽管他从未提供一个完整的定义，不过，在1977年的一次访谈中，他所说的话近似于定义：

> 我试图用这个术语挑选出来的，首先是一套完全异质的东西，由话语、制度、建筑形式、符合规章的决定、法律、行政措施、科学陈述以及哲学、道德和博爱命题组成，简而言之，由已说的和未说的事物构成。所有这些都是装置的要素。装置本身是一种网络，可以在这些要素之间建立起来……

---

[1] 我们采用通常的英译法，把福柯的术语dispositif翻译为"装置"（apparatus）。在日常用法中，这个法语词可以指任一种设备（device）。阿甘本指出，卡夫卡的《在流放地》（*In the Penal Colony*）将刑具称作Apparat。

……我所说的"装置"这个术语，是指一种形态（formation），可以说，在一个既定的历史时刻，对紧急情况做出反应是它的主要功能。因此，装置具备一种支配性的策略功能……

……我认为，从根本上而言，装置的本质是策略性的，这意味着，我们正在谈论的，是对权力关系以及对权力关系中理性而具体的干预的明确操控，其目的要么是为了促进这些关系向特定方向发展，要么就是为了阻止它们，使它们稳定下来，并对之加以利用。因此，装置总是嵌入一种权力游戏之中，不过，它也总是与特定范围的知识相联系，这种知识来自装置，同样也对它做出了限定。确切而言，装置就是关于权力关系——它们支持特定类型的知识或受其支持——的一套策略。[1]

---

1 Michel Foucault, *Power/Knowledge: Selected Interviews and Other Writings, 1972-1977*, ed. C. Gordon (New York: Pantheon Books, 1980), p.194-196.

让我简要做出三点归纳：

a. 装置是一套异质的东西，事实上，它以同一个头衔囊括一切，无论是语言的还是非语言的：话语、制度、建筑、法律、治安措施、哲学命题，等等。装置本身是在这些要素之间建立起来的网络。

b. 装置始终具备某种具体的策略功能，始终存在于某种权力关系之中。

c. 因此，装置出现在权力关系与知识关系的交叉点。

2. 现在，我尝试首先在福柯的作品中，然后在更广阔的历史语境中，对这个术语的谱系做一简要回顾。

1960 年代末，即福柯大致在写作《知识考古学》的时候，他还没有使用"装置"一词来定义其研究对象。事实上，他使用的术语是 positivité（实证性），从语源学而言，该词接近 dispositif 这个术语，不过，他这次也没有下定义。

我一直在想，福柯到底是在哪里找到这个术语的，几个月前，当我重读让·依波利特（Jean Hyppolite）的《黑格尔历史哲学导论》的时候，这个问题才得到解答。大家可能都知道，福柯与依波利特之间联系紧密，福柯时不时地称后者为"我的导师"（事实上，最初是在亨利四世中学的高师入学班［高等师范学院的预备课程］，继而在高师，依波利特都做过福柯的老师）。

依波利特著作第三部分的标题为："理性与历史：实证性与命运的观念"。其核心内容是分析黑格尔在伯尔尼和法兰克福时期（1795—1796）完成的两部作品：第一部是《基督教精神及其命运》，第二部是《基督宗教的实证性》，我们在后者中发现了吸引我们的那个术语。根据依波利特的说法，"命运"和"实证性"是黑格尔思想的两大核心概念。尤其"实证性"这个术语，通过"自然宗教"与"实证宗教"之间的对立，它在黑格尔那里找到了自己的合适位置。自然宗教主要涉及人类理性与神之间直接而普遍的联系，实证宗教或历史宗教则包含一整套信条、规范和仪式，在特定社会和特定历史时刻，这套东西被强加到个体身上。黑格尔写道："实证宗教意味着情感，这些情感或多或少通过对灵魂的限制来打动人；它们是由命令和服从的结果导致的行为，并且是在没有任何直接利益的情形下完成的"，依波利特引用了这段话。[1]

依波利特表明，在这种意义上，自然与实证性之间的对立，完全符合自由与义务以及理性与历史的辩证法。依波利特所写的如下段落，很可能激发了福柯的好奇心，因为它在某种程度上预示着"装置"概念，依波利特写道：

---

[1] Jean Hyppolite, *Introduction to Hegel's Philosophy of History*, trans. B. Harris and J. B. Spurlock (Gainesville: University Press of Florida, 1996), p.21.

在这里，我们察觉到了隐含在实证性概念之中的问题之结，以及黑格尔不断尝试把纯粹理性（理论的，尤其是实践的）和实证性（也即历史的要素）辩证地——一种尚无自我意识的辩证法——结合在一起。在某种意义上，黑格尔认为实证性是人类自由的障碍，因此，它遭到了谴责。探究某种宗教，（我们或许可以加上）探究某种社会状态的实证要素，意味着从中找出施加在人身上的强制，找出那些令纯粹理性变得模糊的东西。但是，从另一种意义而言——这是在黑格尔的推演过程中以占上风而告终的一面——实证性必须与理性协调，由此，理性也就失去其抽象特征，适应具体而丰富的生命。这样一来，我们就明白了实证性为何是黑格尔视角的核心。[1]

---

1 Jean Hyppolite, *Introduction to Hegel's Philosophy of History*, trans. B. Harris and J. B. Spurlock (Gainesville: University Press of Florida, 1996), p.23.

根据依波利特的说法,如果"实证性"是青年黑格尔赋予历史要素的名称——承载着外在力量施加在个体身上的法则、仪式和制度,可以说,这些东西又融入信仰和情感体系之中——那么,通过借用这个术语(它后来变成了"装置"),福柯采取的立场与一个决定性的问题相关,事实上,这个问题也是他自己的问题:作为活生生的个体与历史要素之间的关系。我所说的"历史要素",是指一整套制度、主体化过程以及权力关系在其中变得具体的法则。因此,与黑格尔不一样,福柯的终极目标不是两大要素之间的协调;甚至也不是强调二者之间的冲突。对福柯来说,真正重要的,毋宁说是探究实证性(或装置)在权力关系、机制和"游戏"中具体的活动模式。

3. 至于我是在何种意义上提出这个假定,即"装置"是福柯思想中一个根本性的专门术语,这一点现在已经相当清楚了。在这里,至关重要的并不是仅仅涉及这种或那种权力技术的某个特定术语。根据依波利特的说法，这是一个通用术语，与青年黑格尔的"实证性"有着相同的广度。在福柯的策略中，它会成为福柯批判性地定义为"普遍性概念"的诸多术语之一。正如大家所了解的，福柯一直拒绝讨论被他称为"普遍性概念"的一般概念或精神建构，比如国家、主权、法律和权力。不过，这不等于说他思想中不存在一些具备某种普遍特征的有效概念。事实上，装置就是福柯策略中的普遍性概念：它不仅仅是这种或那种治安措施，这种或那种权力技术，甚至也不是从中归纳出来的普遍性。相反，正如他在1977年的那次访谈中所说的，装置是"能够从这些要素之间建立起来的网络"。

现在，如果我们考察一般法语字典对"装置"的定义的话，我们就会发现，这些字典区分了这个术语的三层含义：

　　a. *严格的司法意义*："装置是审判——它包括

了与意见相分离的决断——的一部分。"也就是说,做出决定的判决或者阐明法律条文的判决的组成部分。

b. 技术意义:"机器或机制的一部分以及(通过延伸)机制本身得以组织的方式。"

c. 军事用法:"与计划相一致的一套手段。"

从某种程度上而言,这三种定义都出现在福柯那里。但是,字典,尤其那些缺乏历史—语源学特征的字典,让这个术语的意义变得支离破碎。尽管这种碎化通常符合历史发展,或者清晰地说明了独特的原初意义,而我们也不能对此视而不见。"装置"这个术语的原始意义是什么?就福柯的惯常用法而言,这个术语当然是指一套实践和机制(既有语言的,也有非语言的、司法的、技术的以及军事的),它们旨在应对紧急需求,并取得大致直接的效果。那么,实践或思想的策略又是什么,这个现代术语由之而来的历史语境又是什么?

4. 在过去三年时间，我发现自己越来越多地投入到一项直到最近才接近完成的研究之中，我大致可以将其定义为经济学的神学谱系。在教会史最初几个世纪，或者说，在公元2世纪到公元6世纪期间，希腊术语oikonomia（家政）发展出了一种决定性的神学功能。在希腊，oikonomia这个词意味着家庭（oikos）经营，更普遍而言，意味着家庭管理。就像亚里士多德所说的（《政治学》1255 b 21），我们在这里所讨论的，不是某种认识论范式，而是一种现实，它伴随着某种实践活动，这种实践活动必须时时刻刻面对问题和特定状况。那么，为何早期教父们觉得有必要将这个术语引入神学话语呢？他们最终是如何开始谈论一种"神圣经济学"的呢？

更确切地说，这里所讨论的问题，相当微妙且至关重要，也许是基督教神学史上决定性的问题：三位一体。在公元2世纪，教父们开始争论神的形象的三重本性(圣父、圣子、圣灵),正如人们可以想见的,这种争论遭到教会中具有理性精神的人士的有力抵制,因为这些人害怕基督信仰中重新出现多神论或泛神论。为说服这些顽固的对手(他们后来被称作"上帝一体论者",即单一上帝治理的提倡者),德尔图良、爱任纽(Irenaeus)、希波吕图斯(Hippolytus)等神学家发现,希腊语 oikonomia 是能够满足他们需要的最好术语。他们的论证类似于此:"上帝,就其存在与实质而言,当然是一位的;但是,就他的 oikonomia——即管理他的家、他的生命/生活以及他创造的世界的方式——而言,他是三位的。如同优秀的父亲把某些职能和责任交给儿子去执行,同时又不会丧失自己的权力与统一,上帝将这种"经济学"(对人类历史的经营和治理)委托给基督。因此,oikonomia 成为一个专门术语,专指圣子的道成肉身,以及救赎和拯救经济学(这也解释了为何诺斯替派将基督称作"经济人")。神学家逐渐习惯于区分"神学话语或逻各斯"与"经济学逻各斯"。此后，oikonomia 成为一个装置，通过它，三位一体教义和世界由神意治理的观念被引进基督教信仰。

神学家想方设法避免断裂，将其从上帝存在的层面清除出去，但是，正如经常发生的那样，这种断裂不时出现，在上帝中分离了存在与行动、本体论与现实。行动（经济以及政治）不是基于存在：这种精神分裂（schizophrenia）是 oikonomia 这一神学教义留给西方文化的遗产。

5. 我认为，即便通过上述简洁的考察，我们现在也能解释 oikonomia 在基督教神学中承担的核心和重要功能。在亚历山大的克雷芒（Clement of Alexandria）那里，oikonomia 就已经与天意概念融合在一起，并开始象征对世界和人类历史的救赎治理。现在，让我们来看看，拉丁教父的作品是如何翻译这个基本的希腊术语：它被译成"设备"(Dispositio)。

因此，拉丁词 Dispositio（设备）——法语词 dispositif（装置、部署）以及英语词 apparatus（装置）由之而来——最终承担了神学意义上的 oikonomia 一词所具备的复杂语义。福柯所谈论的 dispositifs 以某种方式与这种神学遗产联系在一起。从某种程度上说，这些"部署"可以追溯到一种断裂，这种断裂即区分又连接上帝的存在与现实，即一方面是本性（或本质），另一方面是上帝借以管理和治理被造世界的活动。所谓"装置"，就是这么一种东西，人们通过它来了解一种纯粹的、不需要基于存在的治理活动。这也解释了为何装置必然始终意味着一种主体化的过程，也就是说，装置必然创造它们的主体。

依照这种神学谱系，福柯的装置取得了更重要、更具决定性的含义，因为它们不但融贯青年黑格尔所谓的"实证性"的语境，也与海德格尔后来所谓的

"集置"(Ge-stell)——从语源学而言,Ge-stell 近似于 dis-positio 和 dis-ponere,如同德语词 stellen 对应拉丁词 ponere 那样——相联系。海德格尔在《技术与转向》(论技术问题)中写道,就一般用法而言,"集置"意味着装置(Gerät),但是,他使用这个术语的目的,是想"汇聚那些对人的安置,也就是说,汇聚那些挑战,它们要求人们通过有序的模式来接触现实",此时,这个术语显然非常接近神学意义上的 dispositio 以及福柯的装置概念。[1] 这些术语的共通之处在于,它们都可以回溯到 oikonomia,也即一套实践活动、知识体系、措施和制度,所有这些旨在管理、治理、控制和引导——以一种所谓有用的方式——人类的行为、姿态和思维。

6. 我在研究中一直遵守的一个方法论原

---

1 Martin Heidegger, *Basic Writings*, ed. D. F. Krell (New York: Harper Collins, 1993), p.325.

则，就是从我所研究的文本和语境中辨认出费尔巴哈通常所说的哲学要素，也即，它们的发展点（Entwicklungsfähigkeit，从字面上来看，该词指有待发展的能力），它们容易发展的场所与时刻。然而，一旦我们以这种方式阐释或阐发一位作者的文本，我们总会经历这么一刻，即如果不违背阐释学一些最基本的原则，我们的工作就无法往前推进。这意味着，正被讨论的文本的阐发已经达到了不可判定性时刻，此时，在作者与阐释者之间做出区分变得不可能。对阐释者来说，这是一个特别令人愉悦的时刻，他很清楚，现在正是他抛弃他正在分析的文本、独自前进的时刻。

因此，我恳请你们抛弃一直以来所坚持的福柯语文学的语境，以便为装置寻找一个新的语境。

我想向你们提议的，无非就是一种普遍而宏大的划分——将存在分为两大类：一方面，是活生生的存在（或者说实体），另一方面，则是装置，活生生的存在不断陷于其中。因此，就神学家的术语而言，一方面是被造物的本体论；另一方面则是装置的oikonomia，它力图治理和引导被造物向善。

为了进一步扩展已经规模庞大的福柯式装置，我会这么来指称装置，即它在某种程度上有能力捕获、引导、决定、截取、塑造、控制或确保活生生之存在的姿势、行为、意见或话语。因此，装置不但包括监狱、疯人院，圆形监狱、学校、告解室、工厂、戒律、司法措施等等（从某种意义上而言，它们与权力的联系是很明显的）；而且也包括笔、书写、文学、哲学、农业、烟、航海、电脑、手机以及——为何不呢——语言本身，语言或许是最古老的装置：成千上万年之前，某个首领不慎为其所获，并且很可能也没有意识到他即将面对的各种后果。

概而言之，我们有两大类型：活生生的存在（实体)和装置。在这两者之间,还有第三种类型,即主体。我所谓的主体源自一种关系,也可以说,源自活生生的存在与装置之间的残酷斗争。很自然的是,实体和主体似乎重叠,但又不完全重叠,就像古代形而上学所体现的那样。在这个意义上而言,相同的个体,以及相同的实体,可以是多重主体化进程的场所:手机的使用者、网络冲浪者、小说家、探戈迷,反全球化的活动分子等等。在我们生活时代,装置的无限增长,与主体化进程同等程度的扩散是一致的。人们可能由此得到如此印象,即在我们时代,主体性概念变得摇摆不定,正在丧失它的一致性;但是,更确切而言,至关重要的并不是抹除或征服,而是将伪装(masquerade)——它总是与个人身份认同相伴随——推向极致的撒播(dissemination)。

7. 这么做很可能并没有错,即把我们生活于其中的资本主义发展的极端阶段定义为装置的大量积累和增殖阶段。很显然，自从智人（Homo sapiens）最初出现以来，装置就存在了；我们可以说，在现今，个体生命在任何时候都受到某个装置的塑造、污染或控制。那么，我们如何直面这种情况呢，在我们的日常生活中，我们采取什么策略来与装置短兵相接呢？我们力求达成的，既不是简单地摧毁它们，也不像一些天真的建议那样，去正确地使用它们。

比如说，在我生活的意大利，移动电话（意大利人称之为 telefonino）完全重塑了个体的姿态和行为。我很难平息自己对这个装置的仇恨，这个东西让人与人之间的关系变得更加抽象。尽管我发现自己多次寻思着如何销毁那些手机或使之失效，同样也想着如何消灭或至少惩罚和监禁那些坚持使用手机的人。不过，我认为这并不是解决该问题的正确方法。

事实在于，依照各种迹象，装置并不是人类偶尔深陷其中的偶然事件，相反，装置植根于使"人类"

脱离动物（我们将之归为智人范畴）的"人类化"进程中。事实上，对活生生的存在来说，创造了人类的那个事件，构成了某种区分，后者又以某种方式复制了oikonomia引入上帝的那种存在与运动之间的区分。这种区分把活生生的存在与它自身以及它周围环境——也即雅各布·冯·于克斯屈尔（Jakob von Uexküll）和海德格尔先后所说的受体—抗抑制剂循环——的直接联系剥离开来。破坏或中断这种关系，在活生生的存在中造成了无聊和开放性，前者是指中断与抗抑制剂直接联系的能力，后者是指通过建构一个世界来认识存在本身的各种可能性。但是，除了这些可能性之外，我们也必须立即思考装置，它们以工具、客体、小器具、零碎之物以及各式各样的技术填塞了开放性。通过这些装置，人试图废弃那些早已与自己分离的动物性行为，并且享受开放性本身以及存在（就开放性即存在而言）。在每个装置的根部，都存在一种太过人性的幸福欲求。在一个独立的领域，捕获这种欲望并且使之主体化，是装置明白无误的能力。

8. 所有这一切意味着，我们在与装置的贴身肉搏中，采取的策略不能过于简单。原因在于，我们这里讨论的，是解放那种被装置捕获和分离的事物，以便把它重新投入某种可能的公共用途上。就此而言，我现在想谈谈我最近开始关注的一个概念。我所说的这个术语源自罗马法律和宗教（法律与宗教联系紧密，不仅仅在古罗马如此）领域：即亵渎（profanation）。

根据罗马法，在某种意义上归属于众神的客体，被认为是神圣的或宗教性的。因此，这些事物就不能在人类之间自由使用和交易：它们既不能被出售，也不能作为抵押品而被给予，既不能为了他人的愉悦而被让渡，也不能被使用。冒渎的行动所指的，是那些侵犯或违背这些客体——它们要么是留给天国的存在（因而它们也就被合适地称为"神圣的"），要么是留给冥界的存在（在这种情况下，它们只是被称为"宗教性的"）——的特殊不可用性（unavailability）的行动。"奉献"（祝圣）这个术语所指的，是事物从人类法领域的退场，相反，"亵渎"则意味着恢复人类对这种事物的自由使用。因此，伟大的法学家特雷巴提乌斯（Trebatius）写道："亵渎，就其最真实的含义而言，是指神圣或宗教之物，不过，后来重新为人类所用，成为人类的财产。"

从这个角度而言，人们可以如此界定宗教，即它把事物、场所、动物或人排除在通常使用之外，把它们转移到一个单独的领域。没有分离就没有宗教，不仅如此，每一次分离都包含或保存了一个真正的宗教内核。牺牲就是刺激和调节这种分离的装置。通过一系列精微的仪式——它们依据文化不同而显现差异，关于这一点，亨利·于贝尔（Henri Hubert）和马塞尔·莫斯（Marcel Mauss）做过详尽的描述——牺牲总是批准某一事物从亵渎到神圣、从人类领域到神圣域的过渡。不过，经由仪式分离的事物，也能够重新返回亵渎领域。亵渎是反-装置，它恢复被牺牲分离和区分开的事物的普通用途。

9.由此观之，资本主义和其他现代权力形式似乎普及了那些分离过程——这些过程界定了宗教——并且把它们推向极致。如果我们再次思考装置的神学谱系（我在前面探索过，这种谱系把装置与基督教的oikonomia范式，也即世界的神意治理联系在一起），我们会发现，现代装置与其传统前辈有所不同，因为它们让所有的亵渎企图变得尤其成问题。确实，一切装置都意味着主体化过程，一旦缺失这种过程，它就无法发挥治理装置的功用，而是还原为纯粹的暴力活动。在这个基础上，福柯早已证明，在一个规训社会，装置如何旨在通过一系列实践、话语和知识体系来创造温顺而自由的躯体，作为去主体化过程中的主体，这些躯体假定了它们自身的身份和"自由"。因此,装置首先就是一种生产主体化的机器,唯有如此,它才成为一种治理机器。忏悔的例子有可能阐明现在这个问题:西方主体性——它不但分裂自我,同时又支配和确保自我的安全——的形成,与忏悔装置这种存在数个世纪之久的活动密不可分,在这种装置中,通过否定以及超越"旧我","新我"得以建构出来。因此,由忏悔惩罚导演的主体的分裂,造就了新主体的诞生,这个新主体的真正真理性,存在于已经被抛弃的罪我(sinning I)的非真理性之中。我们也可以就监狱装置做出类似的思考:这个装置制造——作为一种大致无法预料的后果——主体的构成和违法者的环境结构,因此,这些违法者成为新的(这次是得到精确计算的)治理技术的主体。

我们不得不在资本主义现阶段讨论的装置,其特征主要不再是通过生产主体来活动,它们更多地通过所谓去主体化的过程来活动。去主体的时刻无疑暗含在每一次主体化过程中。正如我们所知的,忏悔的自我只有通过自我否定才能建构起来。不过,我们现在所见证的,是这么一回事,即主体化过程和去主体化过程似乎彼此都不重要,因此,它们并没有导致新主体的重构,萌芽状态的或者(可以说)虚幻形式的重构除外。在主体的非真理中,它自身的真理不再有危险。那些任由自己被"移动电话"装置捕获的人——无论驱使他的欲望有多强烈——无法获得一种新的主体性,他得到的只是一个号码,他最终因为这个号码而被控制。作为去主体化的交换,那些晚上守在电视机前的观众得到的回报,不过是电视迷受挫的面具,或者是在统计收视率时也被计算在内。

这就是浮夸空虚的关于技术的善意言论,这类话语声称,装置的问题可以还原为正确使用它们的问题。那些持这种主张的人,似乎忽视了一个简单事实:如果某个特定的主体化过程（在这里，也可以说去主体化过程）对应于每一个装置的话，那么，装置的主体不可能"以正确的方式"使用它。那些继续宣扬类似观点的人，只不过是他们自己身陷其中的媒体装置的产物罢了。

10. 因此，当代社会自我呈现的形象是惰性之躯，尽管历经大量去主体化过程，却未能承认任何真正的主体化。因此，政治衰落了，而政治通常预设了主体和真实身份的存在（工人运动、资产阶级等等）；"家政"（oikonomia）取得了胜利，也就是说，一种纯粹的治理活动——它以自我复制为宗旨——获得了胜利。由于这个原因，今天轮流执政的右派和左派几乎与政治领域没什么关联，而他们本来是源于这个领域的。他们只不过是同一架统治机器两极对立的名称而已：一极毫不犹豫地指向去主体化，另一极则力图躲在赞成民主的好公民这种虚假面具背后。

这尤其是权力特别焦躁不安的来源，在它所处的这个时代，权力面对着人类历史上最顺服、最怯懦的社会机体。非常吊诡的是，后工业民主社会的无害公民（布鲁姆，人们强烈建议这样叫他）准备去做自己被要求做的一切事情，因为他任由装置彻底地掌控自己的日常姿态和健康、他的娱乐活动和职业以及他的饮食和欲望，或许也正因为如此，他也被权力视为潜在的恐怖主义者。为了识别惯犯，19世纪发明的人体测量技术得到发展和完善（从面部照片到指纹），这样一来，一种欧洲新规范将计量生物学装置强加在所有公民身上，视频摄像监控把整个城市公共空间变成一座庞大监狱的内部。在当局看来——或许有道理——普通人看起来最像恐怖分子。

装置向生活各领域渗透和撒播它们的权力越多，政府也就越频繁地发现自己面对一个难以琢磨的因素，这个因素越是驯服，看起来也就越难以被政府所捕获。这既不是说这个因素本身构成了一个革命主体，也不是说它会终止甚或威胁到统治机器。与历史终结论恰恰相反，事实上，我们正在见证这部机器无休止的、尽管也是无目的的运动。通过对神学上的家政（oikonomia）做出十足的滑稽模仿，这架机器接过了神意治理世界的遗产；然而，这架机器非但没有救赎我们的世界，反而正在把我们引向灾难（这忠于神意原初的末世论天职）。由于这个原因，对装置的亵渎这个问题，也就是说，恢复那些被装置捕获和分离的事物的公共用途，就显得更为紧迫。但是，这个问题无法被适当地提出来，如果那些与之相关的人不能干涉他们自己的主体化过程，也不能干涉他们自己的装置，而干涉的目的在于找出那个难以统治的因素——它是一切政治的起点，同时也是一切政治的没影点。

（刘耀辉 / 译）

论友爱

1. 友爱与哲学的定义联系紧密,因此,我们可以说,如果没有友爱,哲学事实上就不可能存在。友爱与哲学的亲密程度如此深刻,以至于哲学一词也包含了 philos,即朋友;而且,在这种情况下,通常发生的是,人们常常对此一头雾水。在古典世界,朋友与哲学家之间的这种混乱以及这种近似的同质性,被认为是理所当然的。因此,当一名当代哲学家提出"什么是哲学?"这个极端的问题时,他肯定会以某种仿古的倾向写道,这个问题需要在朋友(entre amis)之间讨论。现在，友爱与哲学之间的关系事实上已经遭到怀疑，职业哲学家带着某种尴尬和愧疚，试图与他们思想上这位令人不舒适的、秘密的同伴达成妥协。

许多年前，我的朋友让－吕克·南希（Jean-Luc Nancy）和我决定以相互通信的方式来讨论友爱这个主题。我们都相信，这是仔细考察——几近"上演"（staging）——这个问题的最佳方式，要不然，这个问题很难得到分析。我率先给他写了一封信，并静候回音，心里总有点忐忑不安。我收到让－吕克的信件后，我们的计划也告一段落，我不打算在这里就此项计划终止的原因或误解做出过多解释。不过，可以确定的是，我们之间的友爱——我们一度认为这种友爱有助于问题的讨论——成了某种障碍，从某种意义上而言，它至少暂时变得模糊不清。

一种类似的、或许清晰的不适感，促使雅克·德里达以一则神谕格言作为他那本论述友爱的著作的一个主题,这则格言通常被认为是亚里士多德的创造,它以一种看似召唤友爱的姿态来否认友爱:哦,朋友们,没有朋友(o philoi, oudeis philos)。事实上,该著作的主题之一,就是批判作者界定的男性中心的友爱观念,一直以来,这个观念支配着我们的哲学和政治学传统。这本著作源于一次演讲,当德里达还在致力于这次讲演时,我们一起讨论了与上述格言或妙语相关的一个奇异的哲学问题。这个格言可以在蒙田和尼采那里找到,而他们很可能又得自第欧根尼·拉尔修(Diogenes Laertius)。但是,如果我们翻开拉尔修《名哲言行录》的现代版,翻到论亚里士多德生平的一章(5.21),我们找不到这里所谈论的那个警句,而是发现如下一个看上去几乎完全一样的句子,但是这个句子的意义大不一样,远不如那个警句玄妙:"有(很多)朋友的人,没有朋友。"(ōi philoi, oudeis philos)

去一趟图书馆,谜团就会迎刃而解。1616年,新版《名哲言行录》问世,编辑是日内瓦著名语言学家艾萨克·卡索邦(Isaac Casaubon)。在他岳父亨利·艾蒂安(Henry Estienne)编辑的版本中,我们讨论的那个段落仍然使用 o philoi(哦,朋友们),卡索邦毫不犹豫地修正了原稿上这个神秘的教导,自此以后,它变得清晰明了,也为现代编者所采纳。

由于我立刻把自己的研究结果告诉了德里达,因此,在他的著作《友爱政治学》出版时,我震惊地发现,他在书中并没有对那句话做出重新解读。如果那个格言——依照现代语言学家的看法,它是杜撰的——以最初的形式得到重新创造,那么,这当然不是因为遗忘:友爱应该同时得到肯定和废弃,这是德里达上述著作采取的必不可少的策略。

就此而言,德里达重复了尼采的姿态。早在作为一名语言学学生的时候,尼采就已经开始依据第欧根尼·拉尔修的《名哲言行录》来从事研究,因此,尼采肯定很熟悉这本著作的文本史（当然也包括卡索邦的修订）。然而，对尼采哲学策略而言必不可少的，一方面是友爱的必要性，另一方面是对朋友一定程度的不信任。因此，他所诉求的这个传统教导，在尼采生活的时代就已经过时了（许布纳的1828年版就采用了现代版本，并且做了这样一个注，"原为 o philoi，卡索邦修订"）。

2. 很有可能的是，"朋友"一词的特殊语义状态，也增加了现代哲学家的苦恼。众所周知，一直以来，还没人能够令人满意地界定"我爱你"这个语段的意义；因此，人们可能认为它具备某种述行语（performative）特征：换言之，它的意义与它的表达行为相一致。我们也可以就"我是你的朋友"这个表达做出类似的思考，尽管这一次似乎无法诉诸述行语范畴。然而，我坚持认为，"朋友"一词属于这么一类词，语言学家把它们定义为非表语的（nonpredicative）；我们无法依据这些术语建立一个包括所有事物——这里所讨论的谓语（the predicate）也包含在内——的门类。"白色的"、"坚硬的"或"热情的"当然是表语词（predicative terms）；但是，我们是否可以说"朋友"界定了上述意义上的一个连贯的门类呢？让人觉得有点奇怪的是，"朋友"的这种特性也是另一类非表语的术语，即侮辱（insults）——所具备的。语言学家早就证明，通过把受辱者纳入一个特定范畴（比如说，粪便或男女性器官范畴，这得根据语言而定），即某种完全不可能的或（无论如何）虚假的事物，侮辱并不会冒犯受辱者。侮辱之所以是有效的，正因为它没有作为一种记述话语（constative utterance）而是作为一个专用名词在起作用，因为它使用语言是为了命名，而被命名者无法接受他的名字，也无法就此做出辩解（就像有人明知道我的名字是吉奥乔，却坚持叫我加斯通一样）。换言之，侮辱中的冒犯性，是指一种纯粹的语言体验，而不是对世界的指涉。

如果确实如此，那么，"朋友"一词的状况，不但是"侮辱"、同时也是其他哲学术语的状况，众所周知，这些哲学术语并不具有一种客观的外延（objective denotation），如同中世纪逻辑学家定义为"超验"的术语那样，它们仅仅表示存在而已。

3. 在罗马国立古代艺术博物馆藏品中，有一幅乔万尼·塞罗蒂纳（Giovanni Serodine）的画作，它描绘了使徒彼得和保罗在殉道途中的会面。两位圣徒稳稳地占据了整幅油画的中心位置，周围是做出野蛮姿态的士兵和即将折磨他们的行刑者。批评家通常会评论两位使徒的英勇刚毅与群众的骚动形成的鲜明对比，差不多在胳臂、脸颊和军号上随意泼洒的亮点突出了这一点。就我而言，我坚持认为，这幅画之所以无与伦比，原因在于塞罗蒂纳让两位使徒靠得非常近（他们的前额几乎贴在一起），他们根本无法看到彼此。在殉道途中，他们相互对视，但是又认不出彼此。可以说，油画底部几乎看不见的静默握手姿态，强化了这种过度接近的印象。在我看来，这幅油画始终是友爱的完美寓言。确实，除了这种同时无法再现和概念化的接近之外，友爱还能是什么呢？把某人当作朋友，就意味着不能把他当作"某物"。称某人为"朋友"，跟称他是"白人"、"意大利人"或"很热情"并不是一回事，因为友爱既不是主体的一种特性，也不是主体的一种品质。

4. 不过，现在是时候去阅读我计划评论的亚里士多德的那个段落。这位哲学家对友爱这个主题做了专门论述，即《尼各马科伦理学》第八卷和第九卷。我们现在所应对的，是整个哲学史上最知名也是受到最广泛讨论的文本之一，因此，我假设你们已经非常熟悉它那些众所周知的主题：我们的生活不能没有朋友；我们需要区分基于功利或愉悦的友爱与有道德的友爱，在后一种情况中,朋友受到真正的喜爱;有许多朋友是不可能的;遥远的友爱往往被遗忘,等等。这些是大家耳熟能详的观点。不过,在我看来,这种专论中有一个段落还没有得到足够多的注意,尽管它包含了(可以说)亚里士多德友爱理论的本体论基础。我指的是1170 a 28–1171 b 35的内容。让我们一起来阅读一下:

> 一个人看,就是他感觉到在看,一个人听,就是他感觉到在听,一个人走,就是感觉到在走,对其他所有活动而言,也是这样,都有某个东西感觉到我们在施行它们,因此,如果我们感觉,我们感觉到我们在感觉,如果我们思考,我们感觉到我们在思考。这跟感觉存在是一回事:事实上,存在(to einai)就意味着感觉和思考。
> 感觉到我们活着,本身就是甜美的,因为生命的本质就是善,感觉到这种善属于我们,是甜美的。

生活是悦人心意的，对那些善良之人来说尤其如此，因为对他们来说，存在就是善和甜美。

对于善良的人来说，"同一感"是甜美的感觉，因为他们认识了善本身，一个善良之人关于自我的感觉，也是对朋友的感觉：事实上，朋友就是另一个自我（heteros autos）。就像所有人发现他们自己的存在这个事实是悦人心意的那样，他们的朋友的存在也在同等程度或几乎同等程度上是悦人心意的。存在是悦人心意的，因为人们感到它是一种善的东西，而这种感觉本身就是甜美的。因此，人们也必须"同感"他的朋友的存在，这种同感来自共同生活、行动共享和思想交流。就此而言，我们说人类是共同生活的，而不是像畜群那样共享牧场……

事实上，友爱就是一个共同体；与我们自己相关，也与我们的朋友相关。存在的感觉对我们来说是悦人心意的，对我们的朋友来说也是这样。[1]

5. 我们现在讨论的是一个格外密集的段落，因为亚里士多德阐明的第一哲学的一些主题，不会以这种形式再次出现在他的其他作品中：

（1）有一种纯粹存在感，一种存在的感觉（aisthēsis）。通过动用本体论的专门术语，亚里士多德多次指明了这一点：aisthanometha hoti esmen, aisthēsis hoti estin：the hoti estin 即存在（the quod est）就其对立于本质（quid est, ti estin）而言。

（2）这种存在感本身是甜美的（hēdys）。

（3）存在与生活之间，以及感觉到某人的存在与感觉到某人的生活之间，存在某种对等。这

---

[1] 这些段落的翻译参考了苗力田的译本，译文有改动。

无疑预见了尼采的论题:"存在,离开'生活'我们就无法想象它。"[1](我们可以在《论灵魂》(*De anima* 415 b 13)中发现一个类似的——即使更一般的——主张:"对生者而言,存在就是生活。")

(4)这种存在感之中还寄寓着另一种感觉,一种特定的人类感觉,它是以共感或与朋友的存在同感(synaisthanest-hai)的形式出现。友爱就是在存在的感觉内部"共感"到朋友的存在。这也意味着友爱具有一种本体论的或政治的身份。事实上,存在的感觉始终是分割的和"共同—分割的"(con-divisa,共享的),友爱就是这种"共同—分割"的代名词。这种共享与现代狂想,即主体间性(intersubjectivity)——主体之间的关系——毫无关联。相反,在这里,存在本身是分

---

[1] Friedrich Nietzsche, *The Will to Power*, trans. W. Kaufmann and R. J. Hollingdale (New York: Vintage Books, 1968), p.312, §582.

割的，它与自身不完全同一，因此，我和朋友是这种共同－分割或共享的两副面孔或者说两极。

（5）因此，朋友是另一个自我，一个异质的自我（a heterus autos）。这个术语的拉丁文译文是 alter ego，它有一段漫长的历史，我不打算在此重构这段历史。不过，该词希腊语的表述所富含的意义，远远超出现代人所能理解的。与拉丁语一样，在希腊语中，也有两个术语可以表示他者性这个概念：allos（拉丁语为 alius）是指一般的他者性，而 heteros（拉丁语为 alter）则指二者对立意义上的他者性，就像在异质性中那样。而且，拉丁词汇 ego 并不是 autos 的准确翻译，后者意味着"自我"。朋友不是另一个我，而是自我固有的他者性，是自我正在生成的他者。我感到我的存在是甜美的，此时，我的感觉经历了一种共感（con-senting），它分离了我的感觉，将其输送到朋友、输送到另一个自我那里。友爱正是自我最亲密的感觉深处的这种去主体化（desubjectification）活动。

6. 此时此刻，我们可以把亚里士多德哲学中友爱的本体论地位看作是既定的。友爱属于 pōrēt philosophia，因为在二者当中，同一种经验，同一种存在的"感觉"都很重要。因此，人们明白了一点，即"朋友"不可能是一个真正的述语（a real predicate），为了归属某个特定门类而被附加在一个概念上。用现代术语来说，我们可以说"朋友"是一种存在（an existential），而不是一种范畴（a categorial）。我们无法对这种存在进行概念分析，它仍然浸透着一种热情（intensity），后者用某种类似于政治潜能的东西来充实它。这种热情就是 syn，"共同"(con-) 或 "与"(with)，它分离和撒播同一种存在的感觉和甜美，并使之得到共享（事实上它一直得到分享）。

对亚里士多德而言，这种分享或共同－分割具有一种政治意义，这一点暗含在我前面已经分析过的那个文本的一个段落中，现在让我们回到那里：

> 因此，人们也必须"同感"他的朋友的存在，这种同感来自共同生活、行动共享和思想交流。就此而言，我们说人类共同生活，而不是像畜群那样共享牧场……

"共享牧草"这个表述，原文是en tōi autōi nemesthai。但是，正如大家所知的，动词nemō具有丰富的政治含义（只要想一想它的动词派生词nomos，就足够说明这一点），就中态（in the middle voice）而言，也意味着"参与"（partaking），因此，亚里士多德的表达可能仅仅表示"参与同一"（partaking in the same）。无论如何，具有根本性的是，人类共同体通过共同生活（此时，syzēn 获得了一种专门含义）——与动物群体形成鲜明对照——得到了界定，这种共同生活的界定标准不是对某个共同实体的参与，而是一种纯粹存在式的分享，一种可以说没有客体的共同—分割：这就是友爱，也即对存在这个纯粹事实的共感。朋友并不分享一些东西（出身、法律、地位、品位）：友爱的经验分享着这些。友爱是先于一切分割的共同—分割，因为有待分享的，是存在这个事实，是生活本身。正是这种无客体的分享，这种原初的共感，构成了政治。

这种原初的政治"同感"（synaesthesia）如何在岁月流逝中变成一种共识——现今民主社会在其发展的最后的、极端的以及筋疲力尽的阶段，把它们的命运交付给了这种共识——的呢？正如大家所说的，这是另一个故事，我把它留给你们自己去思考。

（刘耀辉 / 译）

教会与王国[1]

教会传统的一篇最早的文本，克莱门特（Clemente）致哥林多教会的信，这样开篇："寄居在罗马的上帝教会写信给寄居在哥林多的上帝教会"（La Chiesa di Dio che soggiorna a Roma alla Chiesa di Dio che soggiorna a Corinto）。[2] 我译为"寄居"（che soggiorna）的希腊语paroikousa，是一个意义十分精

---

[1] 这篇演讲——或者，更确切地说，这篇布道——发表于2009年3月8日的巴黎圣母院，在场人员包括巴黎区主教和教会的许多高级官员。自20世纪70年代初以来，阿甘本已经在巴黎生活——更确切地说，寄居——了数十年了。
[2] 克莱门特致哥林多教会的第一封信，参见《基督教文学经典选读》（上），麦格拉思编，苏欲晓等译，北京大学出版社，2004年，第16页。

确的术语。它指定了异邦人和流亡者的居住方式。与之相反的希腊语动词katoikein，指定了一个城邦、国家、王国或帝国的公民是如何居住的。我选择用这个套语，开始对寄居或流亡在这里，也就是在巴黎的上帝教会，发表演说。

为什么用这个套语？回答是，因为我要来谈论弥赛亚。Paroikousa，异邦人的寄居，这个词指定了一个基督徒如何活在世上，因此也指定了那个人对时间的体验，更确切地说，是对弥赛亚时间的体验。在教会的传统里，这是一个专门的术语，或者差不多是，因为《彼得前书》[1：17][1]把教会的时间定义为 ho chronos tēs paroikias，它可被译为"教区的时间"（il tempo della parrocchia），如果我们想起"教区"（parrocchia）的原意是"异邦人的寄居"（soggiorno dello straniero）的话。

---

1 《彼得前书》[1：17]："你们既称那不偏待人、按各人行为审判人的主为父，就当存敬畏的心，度你们在世寄居的日子。"

关键是记住,这里的术语"寄居"不是指一个固定的时间段:它没有规定年代学的持续时间。教会在尘世的寄居能够持续——并且的确已经持续了——千年,而不只是数个世纪,并且没有改变它对时间的弥赛亚经验。这一点要求特别的强调,因为它和通常所谓的"再次降临的延缓"(ritardo della parusia)相对立。根据这个观点——在我看来,它似乎总是渎神的——最初的基督教共同体,期待着弥赛亚的即将到来和时间的终结,发现自身面对着一种无法解释的延缓。在对这一延缓的回答中,一种重新定位稳固了早期教会的制度和法律的组织。定位的结果是,基督教共同体已经停止异邦人的寄居(paroikein),以便开始,公民的生存(katoikein),并因此像其他任何世俗的机构一样运作。

如果是这样,教会就已经失去了那种定义它并与它同体(consustanziale)的时间的弥赛亚经验。弥赛亚的时间不能规定一个年代学的时期或时段,而是必须恰好代表时间的经验方式上的一种质的改变。所以,在这样的语境下,像谈论火车晚点一样谈论一种时序上的延缓,就难以想象了。因为在弥赛亚的时间里,找不到一个固定的、最终的居所,找不到什么延缓的时间。正是想到了这点,保罗才提醒帖撒罗尼迦人:"弟兄们,论到时候、日期,不用写信给你们,因为你们自己明明晓得,主的日子到来,好像夜间的贼一样"(《帖撒罗尼迦前书》[5:1-2])。这段话里的"到来"(erchetai)用了现在时,就像《福音书》把弥赛亚称为 ho erchomenos,"到来者"(colui che iene),也就是:不停地到来的人。瓦尔特·本雅明(Walter Benjamin)完美地领会了保罗的意思,他曾写道:"时间的分分秒秒都可能是弥赛亚侧身步入的门洞。"[1]

---

[1] 出自本雅明的《历史哲学论纲》。参见《启迪:本雅明文选》,汉娜·阿伦特编,张旭东、王斑译,生活·读书·新知三联书店,2008年,第276页。

所以，我要对你们谈论保罗在其书信中描述的这种时间的结构。在这方面，我们必须小心，以免混淆弥赛亚时间（tempo messianico）和天启时间（tempo apocalittico）。天启的思考者在最后一天，在末日审判的日子，被人发现。他或她看到了时间的终结并描述了所见的东西。如果我要用一句话概括弥赛亚时间和天启时间之间的差别，我会说，弥赛亚不是时间的终结（fine del tempo），而是终结的时间（tempo della fine）。弥赛亚不是时间的终结，而是每一个瞬间、每一个时机（kairos）同时间之终结的关系，同永恒的关系。因此，保罗感兴趣的不是最后的日子，不是时间终结的那一刻，而是收缩并开始终结的时间。或者，一个人可以说，它是时间和时间的终结之间剩余的时间。

犹太教传统区分了两种时间和两个世界：今世（olam hazzeh），从创世延伸至终结的时间，和来世（olam habba），在时间终结之后开始的时间。这两个术语,在其希腊语翻译,在保罗书信中,都出现了。然而,弥赛亚时间,使徒所生活的时间,他唯一感兴趣的时间,既不是今世的时间,也不是来世的时间。它毋宁是这两个时间之间的时间,那时,时间被弥赛亚的事件所划分(这个事件,对保罗而言,就是复活)。

我们如何构想这样的时间?如果我们从几何学上把这个时间再现为从一条线上截取的部分,那么,我刚刚给出的定义,即复活和时间的终结之间剩余的时间,似乎没有制造什么困难。然而,一旦我们试图更为全面地设想这个时间,那么,一切都变了。显而易见,活在"剩余的时间"(tempo che resta)里,体验"终结的时间",只能意味着我们时间经验的一种根本的转变。关键既不是年代学时间(tempo cronologico)的同质的、无限的线(这样的时间很容易从视觉上得到再现,但它缺乏任何的经验),也不是它终结了的那个确切的、无法想象的时刻。所以,我们也不能把它设想为那个从复活延伸至时间尽头的年代学时间的线段。关键毋宁是年代学时间内部生长并驱动的时间，是从内部改变年代学时间的时间。一方面，它是被时间所终结的时间。但另一方面，它是剩余的时间，我们需要用这个时间来终结时间，用它来直面我们时间的惯常图像并把我们自己从中解放出来。在一个情形里，我们相信自己所生活的时间把我们从我们所是的东西中分离出来，并将我们变成了我们自身生命的无能为力的观众。然而，在另一个情形里，弥赛亚时间是我们自己所是的时间，在这个动态的时间里，我们第一次抓住了时间，抓住了属于我们的时间：我们只是这个时间。这个时间不是处在一个不太可能的当下或未来的时间内部的某个别的时间。相反，它是唯一真实的时间，是我们将会拥有的唯一的时间。体验这样的时间意味着我们自身和我们生活方式的一种完全的改变。

这是保罗在一段非凡的话中所肯定的东西，而那段话或许呈现了弥赛亚时间的最美妙的定义："弟兄们，我对你们说，时间收缩了（ho kairos synestalmenos esti：希腊语动词 systellein 既指扬帆，也指动物在猛扑前积蓄力量）。从此以后，那有妻子的，要像没有（hōs mē）妻子；哀哭的，要像不哀哭；快乐的，要像不快乐；置买的，要像无有所得。"（《哥林多前书》[7：29-31]）

再往前一点，保罗写到了弥赛亚的召命（klēsis）："各人蒙召的时候是什么身份，仍要守住这身份。你是作奴仆蒙召的吗？不要因此忧虑。若能以自由，就利用自由。"（《哥林多前书》[7：20-22]）Hōs mē，"像没有"，意味着弥赛亚召命的终极意思乃是一切召命（vocazione）的撤消（revocazione）。正如弥赛亚时间从内部改变了年代学时间，而不是废除它，弥赛亚召命，也因为 hōs mē，"像没有"，而撤消了一切的召命，它同时清空并改变了一切经验和一切条件，让它们向一种新的使用敞开("就利用自由")。

问题的重要性源于这样的事实,即它允许我们正确地思考最后之物(cose ultime)和定义弥赛亚处境的次末之物(cose penultime)之间的关系。一个基督徒只能同最后之物一起生活吗?迪特里希·朋霍费尔(Dietrich Bonhoeffer)谴责了激进与妥协之间的虚假对立,因为两种观点都把最后的现实和定义日常人类社会处境的次末现实根本地分裂了开来。正如弥赛亚时间不是某个别的时间,而是年代学时间的一种完全的改变,对最后之物的体验首先意味着以不同的方式体验次末之物。在这样的语境下,末世论不过是改变次末之物的经验。由于最后的现实首先在次末的现实中发生,次末的现实——和一切的激进主义相反——不能遭到随意的否定。然而——出于同样的原因——次末之物无论如何不能与最后之物对立起来。为此,保罗用katargein一词表达了最后之物和次末之物之间的弥赛亚关系：katargein 不是指"毁灭"，而是指"非功效化"（rendere inoperante）。最后的现实停用、悬置并改变了次末的现实——并且，首先正是在这些次末的现实里，一个最后的现实才得到了见证和检验。

上述的思考允许我们理解保罗的王国（Regno）观念。和当代的末世论解释相反，我们不应忘记，对保罗而言，弥赛亚时间不能是一个未来的时间。他在提及这个时间时使用的表述总是 ho nyn kairos，"现在的时间"。就像他在《哥林多后书》里写道："看呐，现在正是悦纳的时候，现在正是拯救的日子。"（《哥林多后书》[6：2]）Paroika 和 parousia，异邦人的寄居和弥赛亚的在场，具有相同的结构，这个结构在希腊语中通过前缀 pará 得到了表达：一个让时间膨胀的在场，一个同时作为尚未（non ancora）的已经（già），一次并不推迟到后来的延缓，一个位于当下的时刻内部，允许我们抓住时间的切断。

所以，活在这样的时间里，体验这样的时间，并非教会能够选择去做或不去做的某件事。只有在这样的时间里，才有一个教会。

在今天的教会里，我们会在什么地方找到这样一种时间经验？这是我此时此地向寄居在巴黎的基督教教会提出的问题。最后之物的召命已然如此彻底地从教会的言语中消失，以至于人们不无讽刺地说，罗马教会已经关上了其末世论的窗户。并且，一位法国神学家用更为苦涩的嘲讽评论道："基督宣布了王国的到来，而到来的是教会。"[1] 这是一个令人不安的评论，但它值得深思。

鉴于我所说的弥赛亚时间的结构，关键显然不是以激进主义的名义谴责教会做出世俗的妥协，同样也不能像19世纪最伟大的正统神学家，费奥多尔·陀思

---

[1] 出自阿尔弗雷德·卢西瓦（Alfred Loisy, 1857–1940）之口：Jésus annonçait le Royaume et c'est l'Église qui est venue，参见 Alfred Loisy, *L'Évangile et l'Église*, Paris: A. Picard et fils, 1902, p.111.

妥耶夫斯基(Fëdor Dostoevskij)一样,把罗马教会描绘成一位宗教大法官。[1]

关键毋宁在于,教会是否有能力解读马太所谓的"时代的征兆"(ta semeia tōn kairōn,《马太福音》[16∶3])[2]。这些征兆是什么?使徒把这些征兆和那种分辨天上气色的无用欲望对立了起来。如果历史同王国的关系是次末的,那么,王国无论如何要在那个历史中被人找到。所以,活在弥赛亚的时间里,就意味着解读弥赛亚在历史当中的在场之征兆,就意味着在历史进程中辨认"拯救之经济的签名"(la segnatura dell'economia della salvezza)。在教父看来——同样也在那些反思历史哲学(历史哲学,甚至在马克思那里,是并且仍然是一门本质地基督教的学科)的哲学

---

[1] "宗教大法官",参见陀思妥耶夫斯基的长篇小说《卡拉马佐夫兄弟》第五卷第五章。
[2] 参见《马太福音》[16∶3]:"早晨天发红,又发黑,你们就说,'今日必有风雨'。你们知道分辨天上的气色,倒不能分辨这时代的征兆。"

家看来——历史所呈现的领域被两种截然相反的力量所贯穿。第一种力量——保罗在《帖撒罗尼迦后书》的一段既著名又谜一般的话里,称之为 to catechon(拦阻)[1]——沿着年代学时间的线性的、同质的线,维持并不停地推迟终结。通过让起源和终点相互接触,这种力量不断地完成并终结时间。让我们把这种力量称为法律(Legge)或国家(Stato),它可以说致力于经济,也就是,致力于对世界的不定的——并且的确是无限的——治理。至于第二种力量,让我们称之为弥赛亚(messia),或教会(Chiesa);它的经济是拯救的经济,并因此是本质地完成了的。一个共同体能够形成并持续的唯一方式就是:这两极共同存在,并且,它们之间保持着一种张力和一种辩证的关系。

---

[1] 参见《帖撒罗尼迦后书》[2:6-8]:"现在你们也知道,那拦阻他的是什么,是叫他到了的时候,才可以显露。因为那不法的隐意已经发动,只是现在有一个拦阻的,等到那拦阻的被除去,那时这不法的人必显露出来。"

今天看似消失了的，正是这样的张力。随着对拯救经济的感知在历史时间中被削弱或被消除，经济将其盲目的、可笑的统治延伸向了社会生活的方方面面。今天，我们见证了教会所抛弃的末世论要求以世俗化的、戏仿的形式，在神秘科学中回归，神秘科学已经重新发现了先知的古老姿态并宣告了每一种不可逆转的灾变。世界政府所持续公布的种种危机——永久的例外状态和紧急状态——事实上是教会对末日审判的不断推迟的一种世俗化的戏仿。随着有关法律和时间之极点的弥赛亚经验黯然失色，法律的一种前所未有的过度膨胀到来了：它打着把一切合法化的幌子，通过法制的过度，背叛了它的合法性。下列所说的话，字字斟酌：在今天世上的任何一个地方，都找不到一种合法的权力；甚至最强有力者也对自身的不合法性深信不疑。人类关系的彻底法制化和商品化——我们所信、所望、所爱的东西和我们被迫去做或不做的东西,被迫去说或不说的东西之间的混淆状态——不仅标志了法律和国家的危机,而且首先标志了教会的危机。理由便是:教会只有同它的终结保持一种直接的关系,才能是一个活的机构。并且,我们不要忘了这点,根据基督教神学的说法,只有一个合法的机构既不知打断,也不知终结,那就是地狱。所以,当代政治的模型——它假装是世界的无限经济——是真正地地狱的。如果教会裁剪了它同寄居的异邦人(paroikia)的本源关系,那么,它就只能在时间中迷失自己。

因此,除了一种解读时间之征兆的顽固惯习,就不带任何别的权威,我今天来这里问你们的问题是:教会终将抓住历史的时机并恢复其弥赛亚的召命吗?如若不能,风险显露无遗:它将被一场危及世上一切政府和一切机构的灾异所清除。

(尉光吉 / 译)

附 录

何谓同时代人?*

吉奥乔·阿甘本

1. 在这次研讨会开始之际,我想提出的问题是:"我们与谁以及与什么事物同属一个时代?"首先,"同时代意味着什么?"在此次研讨会的过程中,我们会阅读一些文本,它们的作者有些生活在许多世纪之前,有些则比较晚近,甚至离我们非常近。不管怎样,我们在某种程度上成为了这些文本的同时代人,这才是根本性的。我们研讨会的"时间"是同时代性,因此,

---

* 本文的翻译参考了王立秋的译本,译者在此谨表谢意。王译本参见《上海文化》2010年第4期。

它要求与文本以及研讨会探讨的作者成为同时代的。从很大程度上而言,本次研讨会的成功与否,其衡量标准将是它——以及我们——符合这种苛求的能力。

尼采为我们探索上述问题的答案提供了一种最初的、暂时性的指示。在法兰西学院讲座的一则笔记中,罗兰·巴特(Roland Barthes)对这个答案做出了概述:"同时代就是不合时宜。"1874年,年轻的语言学者弗里德里希·尼采就已经在研究希腊文本——两年前,《悲剧的诞生》为他赢得了意想不到的声誉——这一年,他出版了《不合时宜的沉思》,在这部作品中,他试图与其生活的时代达成协议,并且就当前采取一种立场。"这沉思本身就是不合时宜的",第二沉思的开头如此写道,"因为它试图将这个时代引以为傲的东西,即这个时代的历史文化,理解为一种疾病、一种无能和一种缺陷,因为我相信,我们都被历史的热病消耗殆尽,我们至少应该意识到这一点"。换句话说,尼采将他的"相关性"主张以及他的关于当前的"同时代性",置入一种断裂和脱节之中。真正同时代的人,真正属于其时代的人,也是那些既不与时代完全一致,也不让自己适应时代要求的人。从这个意义上而言,他们就是不相关的。然而,正是因为这种状况,正是通过这种断裂与时代错位,他们比其他人更能够感知和把握他们自己的时代。

毫无疑问,这种不一致以及这种"时代紊乱",并不意味着同时代就是指一个人生活在另一个时代,或者指人们在伯里克利的雅典或罗伯斯庇尔和萨德侯爵的巴黎,比在他们自己的城市和年代,更能感受到的一种乡愁。才智之士可能鄙视他的时代,但是他也明白,他属于这个时代,这是不可改变的,同时他也无法逃离自己的时代。

因此,同时代性就是指一种与自己时代的奇特关系,这种关系既依附于时代,同时又与它保持距离。

更确切而言,这种与时代的关系是通过脱节或时代错误而依附于时代的那种关系。过于契合时代的人,在所有方面与时代完全联系在一起的人,并非同时代人,之所以如此,确切的原因在于,他们无法审视它;他们不能死死地凝视它。

2. 1923年,奥西普·曼德尔施塔姆(Osip Mandelstam)创作了一首题为《世纪》的诗(尽管俄语词 vek 也有"时代"或"年代"之意)。这首诗并没有思考世纪,而是思考诗人与其生活时代之间的关系,也就是说,思考同时代性。依照诗歌第一句的说法,不是"世纪",而是"我的世纪"或"我的年代"(vek moi):

> 我的世纪,我的野兽,谁能设法
> 注视你的双眸
> 用他自身的鲜血,粘合

两个世纪的椎骨?

　　必须以生命换取自己的同时代性的诗人,也必须坚定地凝视世纪野兽的双眼,必须以自己的鲜血来粘合破碎的时代脊骨。正如前面所暗示的,两个世纪和两个时代不仅仅指 19 世纪和 20 世纪,更确切而言,也指个人一生的时间(需要记住的是,saeculum 一词最初意指个人的一生),以及我们在这里称为 20 世纪的集体的历史时期。我们在诗节最后一句会了解到,这个时代的脊骨已经破碎。就其是同时代人而言,诗人就是这种破裂,也是阻止时代自我组建之物,同时又是必须缝合这种裂口或伤口的鲜血。一方面,时代与生物脊骨并列,另一方面,时代与年代脊骨并置,这两者是这首诗的核心主题之一:

　　只要生物存在

> 就得长有脊骨，
> 宛如滚滚波涛
> 沿无形的脊骨推进。
> 犹如孩童脆弱的软骨，
> 新生大地的世纪。

与上述主题一样，另一个重要主题也是同时代性的一种形象，即时代脊骨的破碎与弥合，这两者都是一个个体（这里指诗人）的工作：

> 为世纪挣脱束缚
> 以开启全新世界
> 必须用长笛连接
> 所有多节之日的节点。

这是一项不可能完成的工作，或者说，无论如何是自相矛盾的工作，接下来诗人用以作结的诗节证明了这一点。不但时代野兽折断了脊骨，而且vek，即新生时代，也意欲回首（对于折断脊骨的人来说，这是一个不可能完成的姿态），以便凝视自己的足迹，并以此展现自己疯狂的面容：

> 可你的脊骨已经破碎
> 哦，我那奇异而悲惨的世纪。
> 毫无感觉的微笑
> 像一度灵巧的野兽
> 你回首，虚弱而凶残
> 凝视着自己的足迹。

3. 诗人——同时代人——必须坚定地凝视自己的时代。那么，观察自己时代的人到底看到了什么呢？他生活时代的面容上这种疯狂的露齿一笑又是什么呢？现在，我打算提出同时代性的第二种定义：同时代人是紧紧凝视自己时代的人，以便感知时代的黑暗而不是其光芒的人。对于那些经历过同时代性的人来说，所有的时代都是黯淡的。同时代人就是那些知道如何观察这种黯淡的人，他能够用笔探究当下的晦暗，从而进行书写。那么，"观察黯淡"、"感知黑暗"又意味着什么呢？

视觉神经生理学提供了一个初步的答案。当我们身处黑暗之中或我们闭上双眼时，会发生什么呢？我们看到的黑暗又是什么呢？神经生理学告诉我们，光的缺席会刺激视网膜上被称为"制性细胞"的一系列外围细胞。这些细胞一旦受到刺激，就会产生我们称作黑暗的特殊视觉。因此，黑暗不是一个否定性概念（光的缺席，或某种非视觉的东西），而是"制性细胞"活动的结果，是我们视网膜的产物。这意味着——如果我们现在回到同时代性的黑暗这个主题——感知这种黑暗并不是一种惰性或消极性,而是意味着一种行动和一种独特能力。对我们而言,这种能力意味着中和时代之光,以便发现它的黯淡、它那特殊的黑暗,这些与那些光是密不可分的。

能够自称同时代人的那些人,是不允许自己被世纪之光蒙蔽的人,因此,他们能够瞥见那些光中的阴影,能够瞥见光中隐秘的晦暗。说了这么多之后,我们还没有提出我们的问题。我们为什么要热衷于感知时代散发出来的晦暗呢?难道黑暗不正是一种无名的经验(从定义上而言是难以理解的)?不正是某种并非指向我们从而与我们无关的事物?相反,同时代人就是感知时代之黑暗的人,他将这种黑暗视为与己相关之物,视为永远吸引自己的某种事物。与任何光相比,黑暗更是直接而异乎寻常地指向他的某种事物。同时代人是那些双眸被源自他们生活时代的黑暗光束所吸引的人。

4. 我们仰望夜空，群星璀璨，它们为浓密的黑暗所环绕。由于宇宙中星系和发光体的数量几近无限多，因此，根据科学家的说法，我们在夜空中看见的黑暗就需要得到解释。我现在打算讨论的，正是当代天体物理学对这种黑暗做出的解释。在一个无限扩张的宇宙中，最远的星系以巨大的速度远离我们，因此，它们发出的光也就永远无法抵达地球。我们感知到的天空的黑暗，就是这种尽管奔我们而来但无法抵达我们的光，因为发光的星系以超光速离我们远去。

在当下的黑暗中去感知这种力图抵达我们却又无法抵达的光，这就是同时代的含义。因此，同时代人是罕见的。正因为这个原因，成为同时代人，首先是勇气问题，因为这意味着不但要能够坚定地凝视时代的黑暗，也要能够感知黑暗中的光——尽管它奔我们而来，但无疑在离我们远去。换句话说，就像准时赴一场必然会错过的约会。

以上解释了为什么同时代性感知到的当下已经折断了脊骨。事实上，我们的时代——即当下——不仅仅是最遥远的：它无论如何都不可能抵达我们。它的脊骨已经折断，而我们发现自己刚好处于断裂点上。这就是为何我们无论如何都是同时代人的原因。意识到这一点很重要，即上述同时代性中的那场约会并不仅仅按照编年时间发生：它在编年时间中活动，驱策、逼迫并改变编年时间。这种驱策就是不合时宜，就是时代误置，它允许我们以"太早"也即"太迟"、"已经"也即"尚未"的形式来把握我们的时代。此外，它也允许我们识别当下晦暗中的光，这种光不断奔我们而来，但永远无法照射到我们。

5. 我们称为同时代性的特殊的时间经历，其绝佳的例子就是时尚。我们可以这么界定时尚：它把一种特殊的非连续性引入时间，这种非连续性根据相关性或不相关性、流行或不再流行来划分时间。这种停顿可能非常微妙，就那些需要准确无误地记载它的人而言，它是值得关注的；通过这么做，这些人也证明了自己处于时尚之中。但是，如果我们想在编年时间中明确确定这种停顿的话，它显示自己是无法把握的。首先，时尚的"现在"，即它形成的瞬间，是无法用任何计时器来确定的。这种"现在"是时尚设计师想到一个大致概念、想到那种规定新款时装的微妙之处的那一刻吗？或者说，它是指时尚设计师将他的想法传达给助手、然后再传达给缝制时装样品的裁缝的那一刻吗？或者说，它是指时装模特——这些人始终以及仅仅处于时尚中，也正因为这个原因，他们从未真正处于时尚之中——身穿这些服装进行展示的时刻吗？因为就最后一种状况而言，时尚"风格"中的存在将取决于如下事实，即现实中的人们而不是模特（他们是一位无形的上帝的祭品）将认识到这一点，然后购买那种风格的服装。

因此，从构成上而言，时尚时间先于自身，不过从结果而言，它总是太迟。它总是处于"尚未"与"不再"之间，这是一种难以把握的界限。正如神学家所暗示的，很有可能的是，这种并列取决于如下事实，即至少就我们的文化而言，时尚是神学意义上的服装标志，它来自亚当和夏娃犯下原罪之后缝制的第一件衣物——以无花果树叶编织的缠腰带。（确切而言，我们穿的衣服并非源自这种植物编织的腰带，而是来源于 tunicae pelliceae，即动物皮毛制成的衣服，根据《圣经·创世纪》[3：21] 的说法，上帝在把我们的祖先逐出伊甸园时，给了他们这些衣服，作为罪与死的有形符号。）无论如何，不管出于何种原因，时尚的这种"现在"、这种全新时代性是无法把握的："我此刻处在时尚中"，这句话是自相矛盾的，因为主体在宣告之际，就已经处在时尚之外了。因此，就像同时代性那样，身处时尚之中也需要某种"闲适"，某种不协调或过时的品性,在这种品性中,人们的相关性在其自身内部包含了小部分外在之物,一种不合时宜的、过时的阴影。正是在这一意义上,人们在谈到19世纪巴黎的一位优雅女士时,说道:"她是每一个人的同时代人。"

时尚的暂时性还有另外一个特征,这个特征让它与同时代性联系在一起。通过采用当下根据"不再"和"尚未"来划分时间的相同姿态,时尚也与那些"其他时间"建立起了特殊的联系——毫无疑问,与过去,或许也与未来的联系。因此,时尚可以"引用"过去的任何时刻(1920年代,1970年代,以及新古典主义或帝国风格),从而再次让过去的时刻变得相关。因此,它能够再次连接被它冷酷分开的事物——回想、重新召唤以及恢复它早就宣称死亡之物的生命。

6. 这种与过去的特殊关联还有另外一个特征。尤其是通过突出当下的古老,同时代性嵌入到当下。在最近和晚近时代中感知到古老的标志和印记的人,才可能是同时代人。"古老的"意味着接近 archē,即起源。不过,起源不仅仅位于年代顺序的过去之中:它与历史的生成是同时代的,并且在其中不停歇地活动,就像胚胎在成熟机体的组织中不断活动,或者孩童在成人的精神生活中那样。这种远离和接近界定了同时代性,它们的基础在于临近起源,而起源在当下的搏动是最强劲有力的。破晓时分越洋而来者,不管是谁,当他首次看见纽约的摩天大楼时,立刻感觉到当下的这种古老面容,不受时间影响的"9·11"意象,已经明确地向所有人展示了这种与废墟为邻的情形。

文学和艺术史家都知道,古代与现代之间存在着一种隐秘的亲缘关系,之所以如此,与其说是因为古老的形式似乎对当下施加了特别的魔力,不如说是因为开启现代之门的钥匙隐藏在远古和史前。因此,衰落中的古代世界转向原始时代,以便重新发现自我。

先锋派——它在时间的流逝中迷失了自我——也在追求原始和古老。正是在这个意义上,我们可以说,当下的进入点必然采取考古学的形式;然而,这种考古学并不是要回归到历史上的过去,而是要返回到我们在当下绝对无法亲身经历的那部分(过去)。因此,未经历的被不断回溯到起源,尽管它永远无法抵达那里。当下无非就是一切经历过的事物中这种未被经历的元素。阻止我们进入当下的,正是——出于某种原因(它的创伤特征以及它那过度的接近)——我们无法经历的大量事物。对这种"未被经历之物"的关注,就是同时代人的生活。从这个意义上而言,成为同时代人也就意味着回归到我们从未身处其中的当下。

7. 那些一直试图思考同时代性的人,只有将它分割为几个时期,并且将一种根本的非同质性引入时间,才能做到这一点。那些谈论"我的时代"的人,事实上也在分割时间:他们把一种停顿和一种断裂嵌入时间之中。不过，正是通过这种停顿，通过把当下植入线性时间了无生机的同质性之中，同时代人才得以在不同时代之间建立起一种特殊关系。正如我们前面所了解的，如果说同时代人折断了时代的脊骨（或者说，他在其中发现了断层线和断点），那么，他也让这种断裂成为时代与世代之间的汇聚点或邂逅之处。这种情形的范例是保罗，他经验卓越的同时代性，并向他的兄弟宣扬它，称其为弥赛亚时刻，即与弥赛亚同时代，他确切地称之为"现在时代"（ho nyn kairos）。这个时间不但在编年史上是不确定的（预示着世界末日的基督再临是确定的和即将来临的，尽管无法计算出一个准确时刻），同时，它还具备独特的能力：把过去的每一时刻与自身直接联系起来，让《圣经》所记载的历史上的每一时刻或事件成为当下的某种预言或预示（保罗喜好的术语是 typos，即形象）——因此，亚当（人类因他而承担了死和罪）就是给人类带来救赎与生命的弥赛亚的"范型"或形象。

这意味着,同时代人不仅仅是指那些感知当下黑暗、领会那注定无法抵达之光的人,同时也是划分和植入时间、有能力改变时间并把它与其他时间联系起来的人。他能够以出乎意料的方式阅读历史,并且根据某种必要性来"引证它",这种必要性无论如何都不是来自他的意志,而是来自他不得不做出回应的某种紧迫性。就好像这种无形之光——即当下的黑暗——把自己的阴影投射到过去,在这种阴影的触碰下,过去也就获得一种能力来回应现在的黑暗。米歇尔·福柯曾经写道,他对过去的历史研究只不过是他对当下的理论探究投下的影子而已,此时,他所想到的,或许就是上述句子的一些内容。同样,瓦尔特·本雅明也写道,过去的意象中包含的历史索引表明,这些意象只有在其历史的确定时刻才是可以理解的。这次研讨会的成败,取决于我们应对这种紧迫性和这种阴影的能力,以及不仅仅成为我们的世纪和"现在"的同时代人,也成为它们在过去文本和文献中的形象的同时代人的能力。

(刘耀辉/译)

什么是当代？

汪民安

一

波德莱尔将绘制现代生活的画家称为英雄。这是因为当时的画家主要是画古代生活，而且推崇的也是古代画家。波德莱尔肯定画家居伊，就是因为后者与众不同，他将目光投向"现在"，即全面的现代生活。为什么要驻足于此刻，像一个充满好奇心的孩子那样在街头充满激情地到处搜寻全社会的激情？这是因为现代生活也充满着美，充满着短暂的瞬间之美。对波德莱尔来说,这种短暂性、偶然性和瞬间性是新近才涌现的生活特征,是现时代独一无二的现象,它和古代的生活迥然不同。波德莱尔将美定义为永恒和瞬间的双重构成。"美永远是,必然是一种双重的构成……构成美的一种成分是永恒的、不变的,其多少极难加以确定,另一种成分是相对的、暂时的,可以说它是时代、风尚、道德、情欲。永恒性部分是艺术的灵魂,可变部分是它的躯体。"按照这一定义,现代生活的这种瞬间性特征毫无疑问也是一种美,而且是美的躯体。[1] 因此,绘制这种现代生活之美,就成为无法回避的必须之事。也就是说,"你无权蔑视现在!"

受波德莱尔的启发,当然也更主要地受到康德的启发,福柯在《何为启蒙》中提出了同样的问题。他分析了康德的《何为启蒙》,指出康德在他的文章中最

---

[1] 波德莱尔:《波德莱尔美学论文选》,郭宏安 译,人民文学出版社,1987年,第475页。

重要的特征之一即是指出了哲学和时代的关系。康德将启蒙确定为这样一个时刻:一个运用自己的理性而不服从任何外在权威的时刻。也就是说,"时刻"是康德思考的一个对象。康德在许多著作中提到了时间的问题,而且,这些讨论时间和历史的大多数文章,都试图确定历史的合目的性和历史终点,也即是,时间总是通向终点的一个时间,但是,"在关于'启蒙'的那篇文章里,问题则涉及纯粹的现时性。他并不设法从总体上或从未来的终极角度来理解现在。他寻找差别:今天相对于昨天,带来了怎样的差别?"[1] 也就是说,"现在"摆脱了过去和未来的纠缠,摆脱了历史合目的性的宰制,而成为思考的单一而纯粹的核心。思考仅仅就是对"现在"的思考。康德这篇文章,思考的就是写作这篇文章的时代,写作就是对作者所置身其中

---

1 福柯:《何为启蒙?》见《福柯集》,杜小真编,上海远东出版社,第530页。

的时代的写作。写作就是在思考"今天"。这是这篇文章的新意所在。"当康德在1784年问'什么是启蒙'的时候,他真正要问的意思是,'现在在发生什么?我们身上发生了什么?我们正生活在其中的这个世界,这个阶段,这个时刻是什么?'"[1]福柯指出,对现在所作的分析,这一由康德所开创的哲学的特殊使命,变得越来越重要了。"或许,一切哲学问题中最确定无疑的是现时代的问题,是此时此刻我们是什么的问题。"因此,真正的问题是"现在的本体论"。为了将康德这一问题的新颖之处说得更清楚,福柯还将康德和笛卡尔作了对比。对笛卡尔来说,哲学思考的是普遍的人,"'我'(I)是任何时间,任何地点的任何人。但是康德问的是另外一些东西:'在历史的某个特定时刻,我们是什么?'"[2]而现在只能是我们自身的现在,不可能是

---

[1] 福柯:《自我技术:福柯文选Ⅲ》,汪民安编,北京大学出版社,2016年,第120页。
[2] 同上书,第121页。

古人或者将来人的现在。因此，关注现在，从根本上来说就是关注我们本身，探索我们本身，探索我们自身的秘密——我们知道，从《古典时期的疯癫史》开始，福柯不倦地探索的就是今天的人们的秘密，或者更恰当地说，是他自身的秘密。这是福柯所有著作的共同主题。

本雅明从另一个角度谈论"现在"的问题。对本雅明来说，"现在不是某种过渡，现在意味着时间的停顿和静止，这是历史唯物主义者必备的观点"。"现在不是某种过渡"，这意味着现在并不是通向未来的必经之路，现在和未来并没有特殊的关联。如果说，"现在意味着时间的停顿和静止"，那么，也许并没有一个值得期待的未来。本雅明之所以看重现在，就是为了确保对未来的抗拒，"我们知道犹太人是不准研究未来的"[1]。

---
[1] 本雅明：《历史哲学论纲》，见《启迪》，张旭东译，三联书店，2008年，第276页。

为什么固守现在而拒斥未来？就本雅明而言，未来这一概念内在于进步主义信念中，对于后者而言，未来就意味着进步。本雅明《历史哲学论纲》一个重要的主题就是对进步概念和进步信仰着手批判。对本雅明来说，进步论持有三个论断：进步乃是人类本身的进步；进步是无限制的进步；进步是必然的不可抗拒的呈直线或者螺旋进程的进步。一旦信奉这样的进步观，那么，现在不过是通向未来进步的一个过渡，因而无论现在如何地紧迫和反常，它实际上也不过是一种常态，因为注定会有一个天堂般的未来在后面等待着它。就此，即便是反法西斯主义者，也会将法西斯主义看做是历史常态，因为他们相信法西斯主义者不可能破坏进步的未来这一大势，因此，人们没有将它看作是真正的紧急状态。一旦我们抛弃了这种进步论，我们就应该将法西斯主义当作是例外状态从而对其进行干预。果断地放弃未来，执著于现在，并将现在看作是一个紧急状态,才是当前的重要任务。

在另一方面,本雅明也驳斥了信奉进步论的所谓专家治国论。在此,人们习惯将进步看做是劳动能力和技术的进步,人们认为技术的进步能够带来财富的巨大增长。但是,这种技术的进步不过意味着对自然进行敲诈的进步。而且,技术进步导致的财富落在谁的手上?这技术的进步,不过是一场新的剥夺:对自然的剥夺和对无产阶级的剥夺遥相呼应。单一的技术进步导致了财富分配的巨大不公。技术的进步或者财富的进步,恰恰可能意味着社会的全面倒退:道德的倒退、文化的倒退和艺术的倒退。对进步主义者而言,进步论许诺了一个未来的天堂。这也是现代性深信不疑的东西,它在19世纪的今天如此地盛行,犹如风暴一样猛烈地刮来。但是,本雅明试图抵制这个进步的风暴,在进步论者眼中所展现出来的现代成就不断叠加之处,他看到的却是越堆越高直逼天际的残垣断壁。

在别人眼中的进步现实,在本雅明这里不过是一场看不到尽头的灾难。

就此,我们看到关注"现在"有这样几个原因:对波德莱尔来说,关注现在是因为要关注现代生活。现代生活展现了一个全新的风俗,也即一种全新之"美",一种同古代文化和古代生活截然不同的美。因此,关注现在,就是要关注现代生活本身特殊之美。对福柯来说,关注现在,是因为哲学不再关注抽象的普遍人性,而是要关注此时此刻的具体的我们自身,最终,哲学要思考的要孜孜不倦地探索的是自我的秘密;对本雅明来说,关注现在是要抵制进步主义制造的幻象,从而戳穿一个未来的天堂所许诺的谎言,最终激发人们对现在和当下的敏感,进而在当下毫不拖延地展开行动,最终当下的目标不是未来,而是过去,是起源。

二

那么，我们以什么样的方式来关注现在？人们在福柯的著作中几乎没有看到现在，没有看到对当代的讨论和书写（他真正认真考察过的当代只有20世纪的自由主义）。相反，福柯通常是以历史学家的形象出现，他的视野贯穿了整个西方历史：从古代希腊一直到19世纪。那么，福柯所要思考的当代在哪里？他在什么意义上强调"现在的本体论"？他如何思考当代人？

这正是福柯谱系学的出发点所在。他的谱系学植根于现在。谱系学将目光投向历史，但其终点和意图却是在现在。这就和那种沉浸于历史而不能自拔的嗜古癖截然区分开来。同样，这种植根于现在的历史探讨，应该和另外几种同样宣称植根于现在的历史主义区分开来：谱系学并不意味着探索历史是在寻找历史的规律和真相从而为现在服务（所谓的"以史为鉴"）；

也不意味着历史的写作是由于现在的眼光对历史的投射从而让历史的面孔不断地发生变化(所谓的"一切历史都是当代史");它也不同于历史决定论,即固执地相信现在是历史必然的无可避免的结果;最后,它也不同于所谓的后现代历史学,即历史是一种类似于文学叙事一样被叙述出来以适应现在要求的虚构。对于历史相对论者而言,福柯确信,历史并不是一种主观想象之物,相反,历史是真实的。对于历史必然论者而言,福柯确信,历史充满着偶然性,尼采式的力的较量和竞技是历史的充满激情的偶然动力。

但是,历史庞杂无比,泥沙俱下,眼花缭乱,我们要打开历史的哪一面?对福柯来说,主体是历史的产物,也就是说,人或者人性,并非一成不变,而是被历史之手一步步地锻造而成。并没有一个普遍的超历史的人性概念。因此,今天的人和以前的人,到底有何差别?今天的人到底是由怎样的历史机制锻造而成？现在之所以呈现现在这个面貌，到底是由怎样的历史力量所造就？现在和历史的差异何在？探讨历史，完全是为了了解现在。但是，这些问题的成因并非遵循某些确定的规律，并不存在着一个历史的必然论，相反，它们是力的偶然争斗的产物。斗争，是福柯的谱系学的探讨方式；现在，则是它的最终目标。因此，这种谱系学是关于权力的谱系学，同时也是关于现在的谱系学。它最终要探讨是这样的一个历史过程：今天的人是如何被塑造而成，也就是说，今天的人的秘密何在？用福柯自己的话来说，就"是创建出一种历史，这种历史有多种不同的模式，通过这些模式，在我们的文化中，人被塑造成各种主体。我的工作就是分析将人变成主体的三种客体化模式。"[1] 我们正是在这里看到了他对疯癫史、知识史、监狱史、性史所作的

---

[1] 福柯：《自我技术：福柯文选 III》，汪民安编，北京大学出版社，2016 年，第 107 页。

谱系学探讨的意图之所在。它们从不同的角度和不同的层面,来探究今天的人的塑形历史。也只有这样,才能理解福柯为什么不断地谈论权力,谈论各种各样的权力——正是权力才塑造了主体。对福柯而言,他探讨的对象是历史,但探讨的目的是现在;他反复地思考权力,但其目标是此时此刻的我们。也就是说,为了探讨现在,我们必须去探究历史。

本雅明对现在的关注,同样也将历史召回。但是,他召回历史的方式同福柯不一样。对本雅明来说,关注现在,就是为了打破进步主义的历史观,但是,进步主义遵从什么样的历史观?"人类历史的进步概念无法与一种雷同的、空泛的时间中的进步概念分开。对后一种进步概念的批判必须成为对进步本身的批判的基础。"[1]因此,真正要批判的对象是"雷同的、空泛的时间"。

---

[1] 本雅明:《启迪》,张旭东译,三联书店,2008年,第273页。

本雅明将之称为"一串念珠式"的时间。这种时间是线性的,它前后贯穿在一起从而成为一个历史的连续统一体。也正是在这个意义上,现在就是一个历史线索中的过渡点,它和历史展开的是一种前后相续的线索关系。而本雅明强调的是一个结构性的时间和历史概念,即现在和过去并非一种时间上的串联关系,而是一种空间上的并置关系,进而形成一个结构化的历史星座,"这个星座是他自己的时代与一个确定的过去时代一道形成的。这样,它就建立了一个'当下'的现在概念[1]"。现在和过去并置在一起,使得当下和此刻充满饱和的非空泛状态,这也是一种非同质化状态。历史不是现在的过去,而就置身于现在之内。反过来也是如此:"古罗马是一个被现在的时间所充满的过去。它唤回罗马的方式就像唤回旧日的时尚。"现在与其说是未来的一个过

---

[1] 本雅明:《启迪》,张旭东译,三联书店,2008年,第276页。

渡，毋宁说是向过去的回眺。"现在"，"希望保持住一种过去的意象"，[1] "现在"希望去捕获记忆。"现在"就因为过去的涌来而就此自我滞留。"这并不是过去阐明了现在或现在阐明了过去，而是，意象是这样一种东西：在意象中，曾经(das Gewesene)与当下(das Jetzt)在一闪现中聚合成了一个星丛表征。"[2]

这是本雅明在《历史哲学论纲》中的一个核心观点。但是，这个观点是从哪里来的？据阿甘本的考察，圣保罗的文本隐藏在《论纲》中。《论纲》的时间观念深受保罗的影响。保罗怎样谈论时间？根据阿甘本的看法，保罗用了两个概念来谈论弥赛亚时间。一个是预兆，一个是统摄。所谓预兆，指的是"在过去时间内的每个事件与'今时'即弥赛亚时间之间建立了一种

---

[1] 本雅明：《启迪》，张旭东译，三联书店，2008年，第267页。
[2] 见本雅明《＜拱廊计划＞之N》，《生产》第一辑，汪民安编，广西师范大出版社，2004年，第315页。

关系。"[1]这即是预示论关系。而弥赛亚事件中,"过去错位到现在,现在延伸到过去"。这是一个充满张力的时间重叠地带。而所谓统摄,即"一种将天地间一切事物——从创世之初散发到弥赛亚之'今时'的全部事物,意味着过去是一个整体——都囊括在一起的东西。弥赛亚时间是对过去的即时统摄"[2]。正是因为这种囊括过去一切的统摄,末世论才会显得饱和,才会有一种强烈的丰满的空间感。预兆和统摄也正是在这里建立起不可分的关系,它们都是将过去和今时联系在一起:过去是当下的预示,当下是过去的统摄。整个过去都包含在当下之中。在圣保罗看来,当下"还具备独特的能力:把过去的每一时刻与自身直接联系起来,让圣经记载的历史上的每一时刻或事件成为当下的某种预言或预示(保罗喜好的术语是 typos,即形

---

[1] 阿甘本:《剩余的时间》,钱立卿译,吉林出版集团有限责任公司,2011年,第92页。
[2] 同上书,第95页。

象)——因此,亚当(人类因他而承担了死和罪)就是给人类带来救赎与生命的弥赛亚的'范型'或形象"。这正是本雅明在两千年后所回应的,"现代作为弥赛亚时间的典范,以一种高度的省略包容了整个人类历史"[1]。就此,不同的时代之间有一种准统一性原则,有一个共同的格局,有一种空间的整体感。它们重叠交织在一起,打乱了历史的空疏的线性流向。时间因此而滞留。在此,未来就被剔除了视野,因为"我们决定性的时刻,必须偿还过去的债务"[2]。因此,真正的目标,不是未来而是起源。这种过去和当下的结合,或者说,这种囊括了过去和现在一切事物的统摄,就是本雅明所说的"意象"。

不仅将"过去"作为一个异质性要素唤醒并将它置于现在的时间结构中,而且,还要将历史每时每刻

---

[1] 本雅明:《启迪》,张旭东译,三联书店,2008年,第276页。
[2] 阿甘本:《剩余的时间》,钱立卿译,吉林出版集团有限责任公司,2011年,第97页。

中被压抑的要素解救出来,从而使之获得另一个饱满的内容。线性主义之所以是同质性和空泛的,之所以像念珠一样串联起来,就是因为它掏空了许多内容,像丢弃垃圾一样不断地压抑和抹去了异质性要素。这些异质性要素通常是失败者、被踩躏者、被压迫阶级。因为历史是由胜利者书写的,他们记载的是他们自身的辉煌历史,是他们自己的文明丰碑,但是,所谓的文明的丰碑不过是"野蛮暴力的实录":既是对那些失败者历史的野蛮删除,也是对失败者受到压迫这一野蛮历史的删除。

但是,"任何发生过的事情都不应该视为历史的弃物",这些被压抑的历史主体应该被拯救出来。一种新的历史写作必须同胜利者的历史写作,即那种同质化的历史写作格格不入。本雅明试图将这些异质性要素唤醒,让它填充时间的空洞,进而在另一个意义上让历史和现在充满丰富的内容,让历史和现在为不同的异质性要素所充斥。也就是说,现在的时刻打开了自己的门洞,不仅让历史、让过去的意象侧身进入,同样也让现在所发生的但是被排斥掉的异质性要素也密密麻麻地挤进来,让同时代的那些被排斥被压制的异己者也挤进来。"现在"被这样的多重性所塞满从而成为一个充满张力和冲突的结构。就此,时间不意味着流动,而是意味着梗阻。这样一个如同星座般的时刻,既包含了过去的历史意象,也将此刻、将同时代所排斥掉的意象囊括其中。因此,它是一个多重的并置,时间得以被空间化地处置。时间被爆炸成一个冲突的、矛盾的、结构性的和异质性的空间。它从历史和现在两个方面打破了时间的同质化和空泛感。这些异质性要素顽强地存在于历史的此时此刻,没有被这个此刻所勾除而是成为它的一部分。不仅如此,它同样顽强地不被这个此刻所同化和吞并,绝不成为此刻的同质化客体。也就是说,它既属于这个时代,是这个时代不可抹去的一部分,但又是这个时代的他者,又和这个时代的主流刻意保持张力:它既属于这个时代,又不属于这个时代。它是时代的特别的"剩余"之物。这样,才可能"把一个特别的时代从同质的历史进程中剥离出来,把一种特别的生活从那个时代中剥离出来,把一篇特别的作品从一生的著述中剥离出来。这种方法的结果是,他一生的著述在那一篇作品中既被保存下来又被勾除掉了,而在那个时代中,整个历史流程既被保存下来又被勾除掉了"[1]。

三

到底谁是这样的人物:他既归属于一个时代,同时又是这个时代的异己者和陌生人?本雅明选择了游

---

1 本雅明:《启迪》,张旭东译,三联书店,2008年,第275页。

荡者作为这样一个时代的异己者。这些人无所事事，身份不明，迈着乌龟一样的步伐在大街上终日闲逛。他们现身于19世纪兴起的现代巴黎都城之中，但是，他们和整个现代的分工要求和市场法则相抗衡。正是因为他们的存在，在巴黎的街道上："这里既有被人群推来搡去的行人，也有要求保留一臂间隔的空间、不愿放弃悠闲绅士生活的闲逛者。让多数人去关心他们的日常事物吧！悠闲的人能沉溺于那种闲逛者的漫游，只要他本身已经无所归依。他在彻底悠闲的环境中如同在城市的喧嚣躁动中一样无所归依。"[1] 这些游荡者在人群之中，但又和人群保持间距。他和人群格格不入——一切都不是他的归属。如果说街道上的人大多有具体的关心和目标（未来），因此是沿着一种线性（同质性和空泛的）的方式前行的话，那么这个游荡者

---

[1] 本雅明：《巴黎，19世纪的首都》，刘北成译，上海人民出版社2006年5月，第205-206页。

行走在街道上,毫无目标,不知所终,不时转身,他只沉迷于闲逛和观看。此刻因此无限期地滞留——它并不包孕着一个明确的未来。

这个游荡者显然是从波德莱尔那里获取的灵感意象。波德莱尔笔下的画家居伊是这样一个闲逛者的形象:"如天空之于鸟,水之于鱼,人群是他的领域。他的激情和他的事业,就是和群众结为一体。对一个十足的漫游者、热情的观察者来说,生活在芸芸众生之中,生活在反复无常、变动不居、短暂和永恒之中,是一种巨大的快乐。离家外出,却总感到是在自己家里;看看世界,身居世界的中心,却又为世界所不知,这是这些独立、热情、不偏不倚的人的几桩小小的快乐,语言只能笨拙地确定其特点。观察者是一位处处得享微行之便的君王。"[1] 画家也在到处行走,到处游

---

[1] 波德莱尔:《波德莱尔美学文选》,郭宏安译,人民文学出版社,第481-482页。

逛，但是，他不是和群众保持距离，而是"和群众结为一体"。他是闲逛者，但他并不冷漠，而是充满激情，他不仅有"巨大的快乐"，也还有"小小的快乐"。

显然，波德莱尔的闲逛者和本雅明的闲逛者有所不同。尽管都是闲逛，但二者有一个重要的差异，即游逛者是否在保持"距离"地观看，或者说，是否是格格不入地观看。都是现代生活的热衷观察者，本雅明的游逛者置身于街头，但他是街头的一个外人，他对街道人群态度冷漠，他和他们背道而驰——他在细看他们的同时也和他们保持距离，发生抵触。而波德莱尔的游逛者充满激情，非常投入，兴趣盎然，他欣赏他们。本雅明借用了波德莱尔的这个游逛者形象，但是他又偏离了这个形象。本雅明为什么会采用这种保持距离的观看？这种偏离来自何处？这是布莱希特给他的启发。布莱希特这样谈到他的间离戏剧：

我试图在这篇短文里阐述德国剧院使用的一种使观众跟舞台上表现的事件保持距离的表演技术。这种"间离"技术的目的，是使观众对舞台事件采取一种寻根究底的态度。至于它所采用的手段则是艺术的……大家都知道，舞台与观众之间的联系通常是通过移情作用而产生的。在今天，墨守成规的演员总把心力集中在创造移情作用这一点上，以致人们可以说："在他看来，这就是他的艺术的主要目标。"如上所述，与通过移情作用而产生的效果，正如水之与火，是绝不相容的。"间离效果"的技术实际上是为了防止演员去创造移情作用——至少是防止演员去创造通常程度的移情作用。[1]

---

1 布莱希特：《间离效果》，邵牧君译，《世界电影》，1979年第3期，第157-158页。

布莱希特谈论的是表演技术，但是，表演的目的是为了观看，其最终目的是让观众不要"移情"地观看，不要全身心投入地观看。也就是说，让观众保持距离地观看。布莱希特的戏剧理想是，观众在看戏剧，但并不沉浸在戏剧之中进而被戏剧所吞没，相反，他们应该与戏剧和舞台保持距离，并时时意识到自己是在看戏。这是一个自觉的观众角色。事实上，也只有和舞台拉开距离，才能真正地对舞台洞若观火。本雅明的游荡者，就是波德莱尔的游荡者和布莱希特的观众的一个奇妙结合：一个不移情的游荡者，一个四处闲逛的观众。对本雅明来说，布莱希特的舞台换成了19世纪中期的波德莱尔的巴黎；波德莱尔街头的热情游荡者带上了布莱希特式的冷静眼镜。这个独特的将街道当作自己居所的闲逛者，迈着闲散的步伐在街头四处打量，但又和这个高度发达的资本主义都城终究是格格不入。他是19世纪中期的现代性的产物，但又是这个现代性的对抗者。他生活在他的时代,一刻不停地观看他的时代,他如此地熟知他的时代,但是,他也是这个时代的陌生人。他和他的时代彼此陌生。

四

这样正在观看他的时代的游荡者是什么人呢?我们正是在这里切入当代(当代人)的概念。什么是当代?用阿甘本的话,"当代性就是指一种与自己时代的奇特关系,这种关系既依附于时代,同时又与它保持距离。更确切而言,这种与时代的关系是通过脱节或时代错误而依附于时代的那种关系。过于契合时代的人,在所有方面与时代完全联系在一起的人,并非当代人,之所以如此,确切的原因在于,他们无法审视它;他们不能死死地凝视它"。在此,阿甘本表明了保持距离的重要性。只有保持距离,才能"死死地凝视它"。也只有保持距离，才不会被时代所吞没所席卷，才不会变成时尚人。对于阿甘本来说，真正的当代人，就是类似于本雅明的游荡者或者布莱希特的观众那样同观看对象发生断裂关系的人。用尼采的术语说，就是不合时宜的人。只有和自己的时代发生断裂或者脱节，才能"死死地凝视"自己的时代。这是布莱希特和本雅明的延伸：从布莱希特的格格不入的看戏到本雅明的格格不入的看城市，最后到阿甘本的格格不入地看时代。阿甘本将这样的观看自己的时代，观看现在的人，称之为当代人。

当代人必须死死地凝视他的时代，那么，他到底要在时代中看到什么？他是要像波德莱尔笔下的人那样紧紧地凝视如同充满电流的沸腾生活吗？"当代人是紧紧凝视自己时代的人，以便感知时代的黑暗而不是其光芒的人。对于那些经历过当代性的人来说，所有时代都是黯淡的。当代人就是那些知道如何观察这种黯淡的人，他能够用笔探究当下的晦暗，从而进行书写。"也就是说，当代人并非被时代之光所蒙蔽的人，而是在时代之光中搜寻阴影的人。他和时代保持距离，就是为了观看时代的晦暗，是主动地观看这种晦暗。因为，"当代人"天生就是被这种晦暗所吸引的人。"他将这种黑暗视为与己相关之物，视为永远吸引自己的某种事物。与任何光相比，黑暗更是直接而异乎寻常地指向他的某种事物。当代人是那些双眸被源自他们生活时代的黑暗光束吸引的人。"

但是，到底什么是时代的晦暗？它是时代之光的对立面吗？对阿甘本来说，晦暗和光密切相关。晦暗并不意味着是绝望的深渊。相反，晦暗也是一种光，它是试图抵达我们但从未曾抵达我们的光。所谓的黑暗，不过是光的未曾抵达的临近，是光的黑暗闪现，就像宇宙中有一些"最远的星系以巨大的速度远离我们，因此，它们发出的光也就永远无法抵达地球。我们感知到的天空的黑暗，就是这种尽管奔我们而来但无法抵达我们的光，因为发光的星系以超光速的速度远离我们而去。"因此，这些黑暗不过是我们看不到的光，无法抵达我们的光。光并非同黑暗一刀两断，而是被黑暗所包裹而难以挣脱它的晨曦。这是光和黑暗的辩证关系。就此，我们感知黑暗，在某种意义上，也是去感知光，感知无法进入我们眼帘中的光。时代的晦暗深处，还是有光在临近，即便是遥遥无期的临近。感知和意识到这一点的人，或许就是当代人。作一个当代人，就是要调动自己的全部敏锐去感知，感知时代的黑暗，感知那些无法感知到的光，也就是说，感知那些注定要错过的光，感知注定要被黑暗所吞噬的光，感知注定会被隐没之光。在此，当代人，用本雅明的说法是，正是因为绝望，才充满希望。在这个意义上，当代人就是脱节之人：与时代的脱节，与时代之光的脱节。他对时代的光芒不敏感，而是对时代的痛苦，对时代脊骨的断裂异常敏感。

这是当代人的特征。但是，还有另一种当代性。与时代保持距离，既指的是生活在这个时代但又是和这个时代格格不入的状况；同时，它也可以指人们将自身的目光投向古代和过去。古代和当代有一种显而易见的距离，但是，"在最近和晚近时代中感知到古老的标志和印记的人，才可能是当代的"。阿甘本这是对保罗和本雅明时间概念的呼应：当代是对过去的统摄，过去总是潜入当代中。就此，起源也总是活在当代中，并在当代成为强劲有力的要素，它们不屈不挠地存在于当代，就如同儿童特性总是在成年人内心中持久而顽固地活跃一样。与此相似的一个例子是，先锋派总是在原始艺术中寻找素材。一个当代人不仅要在空间上拉开他和自己的时代的距离，他还要在时间上不断地援引过去："当代人不仅仅是指那些感知当下黑暗、领会那注定无法抵达之光的人，同时也是划分和植入时间、有能力改变时间并把它与其他时间联系起来的人。他能够以出乎意料的方式阅读历史,并且根据某种必要性来'引证它',这种必要性无论如何都不是来自他的意志,而是来自他不得不做出回应的某种紧迫性。"[1] 也就是说,做一个当代人,总是要在某一个迫切的关头,自觉不自觉地向过去回眺。

正是由此,保罗被阿甘本称为具有当代性的人。因为正是他特有的弥赛亚的时间观念,他让现在将过去统摄起来,现在不断地引证过去,不断地追溯过去,以至于时间流逝的线性进程被终止、被打断,时间不得不停滞下来。时代也因此出现了一个断裂和凝固。也正是因为这个时间的断裂,我们才有机会凝视这个凝固的时代,凝视这个断裂地带涌现出来的晦暗。这就是阿甘本所说的当代性的意义。就此,保罗具有当代性,

---

[1] 上述引文均出自阿甘本《什么是当代?》,见《裸体》,刘耀辉译,北京大学出版社,2017年2月。

对阿甘本而言，就意味着保罗的时间概念具有当代性，保罗对历史和时间的思考具有当代性。或者说，我们必须领悟保罗和本雅明这样的历史概念和历史哲学，才可能成为当代人，才可能真正地思考什么是当代。

保罗确立了当代性的概念，但这并不意味着保罗本人就是我们的同代人。这也是阿甘本和巴丢的差异。在巴丢论保罗的书中，他明确地宣称，保罗是我们的同代人。对巴丢来说，保罗是当代的，并不是因为他对历史和时间概念的特殊思考，并不是他对当代性的思考，而是因为保罗为普遍主义奠定了基础，或者说，保罗提出了一种特殊的普遍主义，一种真理的普遍的独一性（universal singularity）。更具体地说，保罗有关耶稣复活的寓言展现了一种独特的思考，一种在今天仍旧具有紧迫性的思考——正是在这个意义上，巴丢称保罗是我们的同代人。

为什么保罗对今天而言具有紧迫性？"在普遍化流

通的时刻,在瞬间文化交流的幻影中,禁止人流通的法律和规则正在到处繁殖。"法国尤其如此,右翼的勒庞党要求一种纯正的法国人身份,他们信奉一种封闭的同一性,一种纯粹的身份原则,一种拒绝普遍性的独一性原则。巴丢认为这种身份同一性原则和资本主义达成了密谋,因为资本出于自己的目的对主体和身份进行创造和发明,尔后对其进行空间分类和同质化,进行德勒兹意义上的再辖域化。结果就是,一种同质化原则和绝对的单一的身份原则建立起来。就法国而言,将外国人,将一切非法国人拒绝在法国大门之外就变得自然而然。但是,我们看看保罗是如何地对此提出了反驳的,他是这样讲的:"并不分犹太人,希利尼人,自主的,为奴的,或男或女。""保罗将好消息(福音)从严格的封闭中拉将出来,从严格限制它的犹太人群落中拉将出来。"[1]

---

[1] 巴丢:《保罗:我们的同代人》,陈永国译,《生产》第三辑,汪民安编,第303页。

福音和上帝是针对所有的人，上帝不偏待任何人。这正是耶稣复活的寓言所表明的东西——上帝成为所有人的上帝，而不再是犹太人的上帝。上帝成为一个普遍的上帝。所有的人都会不受限制地得到承认。两千年前的保罗的教诲对今天的排外主义和特殊主义仍旧是必要和迫切的回应——就此而言，保罗并没有远离我们。

就此，对阿甘本而言，保罗的当代性，意味着保罗提出了什么是当代性：一种特殊的时间观念，也即将现在将过去统摄在一起的时间观念。对于巴丢而言，保罗的当代性，是因为他所持的普遍主义原则，一种打破狭隘的地域主义的普遍性原则，在今天仍旧具有当代意义。所以他仍旧是我们的同代人。而且，他开启的普遍独一性原则，对于巴丢而言，具有更加重要的启示意义。他不仅是我们的同代人，我们甚至要说，他更主要的是巴丢本人的同代人：正是从保罗这里开始，一种特殊的真理概念，一种普遍独一性的真理概念,播下了种子,而巴丢则将这粒种子培育成了一颗哲学大树:一种有关事件和真理的哲学大树。就此,巴丢,作为一个现在的时间,在向保罗——一个过去的时间——回眺。本雅明和阿甘本的破除空泛的线性时间原则,在巴丢这里得到了活生生的实践。[1]

---

1 事实上,阿甘本和巴丢对圣保罗的解释有很大差异。阿甘本对巴丢的解释很不以为然。巴丢将保罗解释为普遍主义的奠基人——这点或许受到德勒兹的影响。德勒兹在《尼采与哲学》中将上帝复活解释为一个普遍性的上帝的复活:犹太人的上帝死了,复活的是针对所有人的上帝。阿甘本在《剩余的时间》中对巴丢提出了反驳,他认为保罗没有这样一种超越性视角,"在犹太人或希腊人深处,没有普遍的人,没有基督徒,也没有原则和终点,留下的只有剩余,以及犹太人或希腊人与其自身一致的不可能性"(见《剩余的时间》,第66页)。对于阿甘本来说,真正重要的不是普遍性,而是剩余。不过,普遍主义是巴丢对保罗解释中的一个观点。另外一个观点可能更加重要,即巴丢在这里论述了他的事件、真理和主体的概念。对巴丢来说,真理是被宣布真理的主体而存在的。也即是说,真理是被宣称的,是对事件的一次宣称。但是,主体宣称事件时,必须对这事件和真理保有绝对的忠诚。主体正是因为忠诚于事件而成为主体。从这个角度而言,真理就不是一个澄明,而是一个过程。"真理完全是主观的(它属于一个宣言,证明与事件相关的一个信念)。"在巴丢看来,保罗在耶稣复活中的所作所为,恰好体现了这样一个观点:保罗宣布了事件(耶稣复活),并且对这个事件绝对忠诚。耶稣复活这个事件就此成为一个真理,而保罗因为对这个宣称的绝对忠诚而成为主体。就此而言,真理是独一无二的。没有什么东西能够概括它。这样,它就脱离了任何语境。而一旦脱离了任何语境,它又是普遍有效的——因为它不受背景的限制。这就是巴丢所讲的真理的"普遍独一性";耶稣复活是一个独一无二的真理,但是,它摆脱了罗马的背景,摆脱了犹太人的背景,从而获得普遍性。

装置、机器与生命—战争
—— 一次阿甘本与德勒兹的"潜在"对话

姜宇辉

诚如威廉·沃特金(William Watkin)所言,鉴于思想脉络上的接近,阿甘本与德里达之间的关系已得到学界广泛而深入的探讨,但与此形成鲜明对照的是,关于阿甘本和德勒兹之间的显见关联(尤其是"潜能/潜在"(potentiality/virtuality[1])这一对核心概念)却鲜有集中的研讨[2]。他尤其指出,实际上,在阿甘本

---

[1] 阿甘本的 potentiality 主要源自亚里士多德,因而更强调从潜能向现实(actuality)的"转化";而德勒兹的 virtuality 主要源自柏格森,更强调其与现实"并存"的真实存在。故分别译为"潜能"和"潜在"。

[2] William Watkin, *Agamben and Indifference: A Critical Overview*, Rowman & Littlefield International, 2014, p. 137. 关于阿甘本与德勒兹的深入对比性分析,集中于该书第 7、8 节。

所大致勾勒的西方近现代思想的"超越性/内在性"（Transcendence/ Immanence）两分的基本架构之中[1]，他自己亦理应被纳入"内在性"的谱系之中（斯宾诺莎→尼采→德勒兹/福柯）。由此看来，他似乎更为接近德勒兹而非"超越性"脉络之中的德里达。在本文之中，我们就试图聚焦于《什么是装置？》这一经典文本，对阿甘本和德勒兹思想之间的复杂而又密切的关系进行案例式的解析。

1. "装置"与"机器"：阿甘本与德勒兹的福柯诠释

选择这篇论文作为入口，最直接而明显的原因当然是文本上的依据。实际上，这篇文章的标题正

---

[1] 阿甘本：《潜能》，王立秋、严和来等译，漓江出版社，2014年，第434页。同时参考英译本 Agamben, *Potentialities: Collected Papers in Philosophy*, translated by Daniel Heller-Roazen, Stanford University Press, 1999.

是对德勒兹晚年那篇重要讲演的明确重复:"Qu'est-ce qu'un dispositif?"[1] 而根据编者的提示,这也是德勒兹晚年所出席的最后一次公开的学术活动。在其中,德勒兹以"装置"(dispositif)这个概念为核心再度凝练概括了福柯思想的全貌。在稍早出版的《福柯》(1986)之中,这个概念当然亦已经屡次出现,但结合全书的总体论证来看,它从未真正成为提纲挈领的核心线索。那么,为何在短短两年之后,德勒兹就转而将装置提升到如此至关重要的地位?

在《福柯》之中,装置概念的引入首先是基于"国家机构"(appareil d'Etat)和"权力机制"(mécanismes de pouvoir)之间的明确区分(《规训与惩罚》)[2]。前者是国家统治权力的集中体现,是中心化的,有着明

---

[1] 收于 Deleuze, *Deux régimes de fous*, Les Éditions de Minuit, 2003, pp. 316-325.
[2] Deleuze, *Foucault*, Les Éditions de Minuit, 1986 / 2004, pp. 33-34. 鉴于这些概念往往彼此之间会产生交叠乃至混淆,我们在必要之时保留它们的原形。

确的结构乃至场所定位；而后者则是前者在整个社会场域中的巨细无遗的渗透性作用，因而呈现出具体的、多样的、多变的样态。在福柯的行文之中，权力运作的这两极之间的分化和对峙是十分明显的，他也往往倾向于将后一个方面相应地称作"dispositif / agencement"。但德勒兹却极为敏锐地把握到"mécanisme"这个表述与"机器"（machine）这个他自己（当然亦受到瓜塔里的明显影响）后期的重要概念之间的密切关联[1]。正是从这个要点出发，才得以深刻理解德勒兹和阿甘本在dispositif这个概念上的根本差异。概言之，阿甘本从未真正挣脱appareil/dispositif的二元对立，而德勒兹则在二者之间发现了machine这个重要的中介，从而对福柯的装置理论进行了极具启示性的发展。

---

[1] 在法文之中，"mécanisme"本来就意指一部"机器"所特有的功能模式。

随着《福柯》行文的展开，装置与机器/机制之间的联系也逐渐变得清晰。在《规训与惩罚》中，最为典型的规训权力的运作"机制"正是全景敞视主义（Panoptisme），而相关的一段重要引文亦由此带出 dispositif 这个概念在《福柯》中的首次重要出场[1]。英译者在这里直接将 dispositif 译作"mechanism"[2]，看似草率之举，但实际上却是极为准确地把握到了 dispositif 与 mécanimse 之间的内在互通[3]。随后德勒兹又进一步区分了"抽象机器"（la machine abstraite）与"具体配置"（les agencements concrets）：前者指向的是力与力之间的潜在的、可能的联系（"virtuels, potentiels… des possibilités"[4]），又可被形容为

---

1 Deleuze, *Foucault*, Les Éditions de Minuit, 1986 / 2004, p. 44.
2 Deleuze, *Foucault*, translated and edited by Seán Hand, University of Minnesota Press, 1988, p.36.
3 通常的英译将福柯的 dispositif 译作 apparatus，明显偏向 appareil 这一极，却多少错失了 mécanisme 这一重要含义。
4 须注意的是，"potentiel"在德勒兹这里本不具有独特的含义，因而往往与"virtuel"并称。这亦是他与阿甘本的一个重要差异。

"图样"(diagramme);而后者作为前者的具体实现形态(l'actualisation),恰好对应着福柯意义上的dispositif[1]。这些都进一步明确了appareil, machine与dispositif这三个基本概念的关系,尤其是machine介于两极之间的含混、不确定的形态。最为关键的一点在于,dispositif/appareil的对立本不具有优先性,因为它们只是machine运作的两个不同的方向或维度而已:它可以固化为机构,也同时可以弥散化为装置,但无论哪个方面皆无法最终耗尽其潜能,这就是德勒兹(与瓜塔里)所突出强调的机器的"抽象性"。

而阿甘本本来可以、且应该在福柯和德勒兹的张力之中对dispositif进行深入诠释,但他却多少令人困惑地将这个"非常重要"的、甚至在福柯那里是"决定性的专门术语"[2]回溯至依波利特的黑格尔诠释。首

---

1 Deleuze, *Foucault*, Les Éditions de Minuit, 1986 / 2004, p. 45.
2 本节中没有特别标示出处的引文皆取自本书中的《什么是装置?》的中文翻译。

先，从历史脉络上来看，福柯对这个概念的重点使用无疑是受到德勒兹/瓜塔里的决定性影响。阿甘本自己也明确意识到，"1960年代末，即福柯大致在写作《知识考古学》的时候，他还没有使用'装置'一词来定义其研究对象。"这确实是实情，但由此就根据"positivité"与dispositif在词源上的相通将后者拉回到前者的黑格尔的语境之中，又显得过于草率。我们注意到，在1975年出版的《规训与惩罚》中，已经出现了"权力装置"（dispositif de pouvoir）这样的用法，但dispositif尚未明确作为一个核心概念，也没有在更为广阔的范域之中得到讨论和运用。真正的转折发生于他1977年为《反俄狄浦斯》英译本所做的简短序言，在其中他明确提及了"装置"（dispositif / agencement）这个重要主题[1]，并将其归结为全书的

---

1 对这个思想脉络的简要梳理，尤其参见 Judith Revel, *Le vocabulaire de Foucault*, Ellipses, 2002, "dispositif"词条。

要旨之一:"更偏重肯定和多元,差异而非一致,流(flux)而非单元,动态装置而非系统。"[1] 由此也明确标志着 dispositif 逐渐取代了 épistémè,成为福柯中后期的一个核心"术语"(尤其以《性史》为代表)。

不过,借用德勒兹在"Qu'est-ce qu'un dispositif?"中的说法,比起福柯术语的"起源"(l'origine),我们更应该关注其"新异性"(nouveauté)[2]。换言之,重要的并非仅仅是思想渊源和背景,而更是装置这个概念到底在何种程度上有力地介入现实的困境,又开启了怎样的指向未来的思索可能。由此,德勒兹将福柯的思想分为两个部分:一部分是历史,而另一部分则是"actuel"(现时)。但"现时"并非仅仅局限于当下,而恰恰是要开启未来的

---

[1] Deleuze & Guattari, *Anti-Oedipus: Capitalism and Schizophrenia*, translated by Robert Hurley, Mark Seem, and Helen R. Lane, University of Minnesota Press, 1983, Preface, xiii. 法文版见 Foucault, *Dits et écrits*, Quarto Gallimard, 2001, № 189.

[2] Deleuze, *Deux régimes de fous*, Les Éditions de Minuit, 2003, p. 322.

可能,即指向"生成",尤其是"生成—他者"(notre devenir-autre)[1]。其实阿甘本对福柯的思想史和词源学梳理也理应通过这两个部分之间的密切关系来理解。简言之,他的回溯式的阐释工作并非仅仅出于"历史"的兴趣,而更是为了"寻找一个新的语境",由此回归到更为根本的问题,从而积极而有力地介入到"现时"之中。由此在全文的后半部分,他都是带着历史的线索来鞭辟入里地剖析"我们生活于其中的资本主义发展的极端阶段"。比如,对 oikonomia 的神学谱系的梳理正是为了更为清晰地彰显装置在现时的关键功用:"一套实践活动、知识体系、措施和制度,所有这些旨在管理、治理、控制和引导——以一种所谓有用的方式——人类的行为、姿态和思维。"简言之,阿甘本的历史挖掘最终呈现出来的现时主题极为明白清楚:"一

---

[1] Deleuze, *Deux régimes de fous*, Les Éditions de Minuit, 2003, p. 322.

方面,是活生生的存在(或者说实体)(living beings),另一方面,则是装置,活生生的存在不断陷于其中。"而诚如福柯对规训权力的细致辨析所揭示的,在装置和活生生存在之间并非单纯的控制—被控制的关系。换言之,活生生存在并非无定形的(amorphous)质料、任凭装置来进行赋形和塑造,因为若果真如此,则我们根本无从理解何处还有抵抗的可能和解放的希望。在二者之间,必然还存在着一个居间者,"还有第三种类型,即主体"。这是一个极为重要的关键点,足以启示出阿甘本与德勒兹的最为根本性差异,因此有必要稍加详述。

对于阿甘本,主体"源自活生生的存在与装置之间的残酷斗争"。就此而言,主体从根本上说是一种关系性的存在,是不折不扣的居间者。它并非本源性的,而是首先要预设这对峙、对抗性的两极,并进而揭示二者之间不可还原和同一的复杂关系。一方面,它呈现的是装置的捕获作用（appareil de capture），是权力的伪装（masquerade），即"装置的无限增长，与主体化进程同等程度的扩散是一致的"。在这个意义上，装置从来都是塑造主体的一种根本性的力量。阿甘本更进一步结合人类演化的历史指出，装置并非是一个"偶然事件"，相反，它在根源之处始终与"太过人性的幸福欲求"难解难分的纠缠在一起。但这也就要求我们进一步思索主体问题的另一个重要方面，即是否、如何还有可能在这场残酷的"与装置的贴身肉搏中"掌握先机？若仅就阿甘本所给出的反抗策略来看，胜算几率是极为微茫的。他指出，既然主体化的前提是分离，那么唯一可能的出路似乎就只能是"恢复被牺牲分离和区分开的事物的普遍用途。"也正是在这个意义上，"亵渎是反—装置"。不过，若主体化的过程始终都要以装置的存在为前提（否则谈何"分离"？），那么，任何这样一种"反—装置"的努力最终都无非只能是负隅顽抗，因为它们没有可能"导致新主体的重构"。阿甘本随后意味深长地补充道，在我们深陷其中的时代，若主体还有新生的话，那也只能是处于"萌芽状态"（larval）或"虚幻状态"（spectral）：二者的共同特征皆是脆弱而空幻。

但若从德勒兹对福柯的 dispositif 的重新阐释出发，则完全有可能对阿甘本所描绘的终极绝望图景给出积极的回应。一个根本的原因正在于，德勒兹对主体问题的理解与阿甘本截然不同。在阿甘本看来，主体是居间者，因而始终需要预设对峙的两极；而在德勒兹看来，主体是远比两极对比更为本原的创生性力量，而任何僵化的机构或流动的捕获装置都无法最终耗竭其创生"主体化的新模式"（nouveaux modes de subjectivation）[1]的可能。这也正是"Qu'est-ce qu'un

---

1　Deleuze, *Deux régimes de fous*, Les Éditions de Minuit, 2003, p. 324.

dispositif?"的终极旨归。在这篇凝练概述的一开始，德勒兹就将装置的根本构成要素界定为"线"(lignes)。线与线之间是"异质的"(de nature différente)、"不均衡的"(déséquilibre)；就每一条线本身而言，更为重要的并非是其连贯的、统一的轨迹，而恰恰是变向、转折、间断("fracture"[1])，正是在这些异常之处蕴生出新线的可能。动态之线，从根本上决定了所有的装置最终都处于持续流变的状态。

不过，这并不意味着所有装置都只能是混沌一团、难解难分的缠绕线束。相反，在其中总会呈现出暂时的稳定边界和轮廓，那即是装置的第二个维度，即"弧线"(courbe)。用"弧线"这个说法并非仅仅强调其弯曲的形状，而更是突出其"限定"、"包围"(entourer)的功能。由此亦可将可见性与表述

---

[1] Deleuze, *Deux régimes de fous*, Les Éditions de Minuit, 2003, p. 316.

(énonciation）这两种典型的弧线形态称为"体制"（régime），因为它们最终皆旨在划定明确的边界（可见/不可见，可说/不可说），并勾勒出一个装置的总体结构和特征。但这些相对明确地划定的轮廓、结构和界限都只能是暂时性的，它们最终还是要被不断衍生、转折、变异、彼此交错的"力之线"（des lignes de forces）所穿越和渗透。就正如在一个弧线上我们可以沿着无限不同的方向拉伸出一条条变异的切线。

看似生生不息、变异不已，但所有的运动之线实际上皆隐含着种种内在的危险（"état de crise"）。要么，它可能耗尽自己的动力，不再能发生转折或间断，而是彻底中断、无法延续；要么，它会以最经济的方式来维系自己的存在形态，即形成自我封闭的轮廓（闭合的弧线）。正是为了规避危险、延续流变，我们必须在线的内部探寻到根源性的变异、生成的动机，由此也就导向装置概念的第三个、也显然是最为重要的方面,即主体性(Subjectivité)。主体性既非预设的起源,亦非规训的产物,相反,它是一个"过程"(processus[1]),是维系流变的内在动力。也即是说,它不再通过与其他线的交织、交错来实现变异,而是返归自身、作用于自身("revient sur soi, s'exerce sur soi-même ou s'affecte elle-même"),以"自—相关"(self-affection)的方式来重新制造弯曲、转折的契机。德勒兹最后总结到,如此形态的线就是真正的"逃逸线"。只不过,"逃逸"并非单纯是一种消极的形态("逃避"外在的辖制与规训),而更是从最为根源的内部抵制所有僵化、固着的形态,重新将生成之力带向强度的峰值。

---

[1] Deleuze, *Deux régimes de fous*, Les Éditions de Minuit, 2003, p. 318.

2. "潜能"在本体论上的优先性：阿甘本的哲学本原

德勒兹对 dispositif 的这番剖析最终导向对主体性的重新理解，而这似乎亦足以对阿甘本的终极问题（如何可能塑造新主体？）进行有力的回应。我们已经看到，阿甘本之所以陷入两难境地（要么是主体的消亡（所谓"去主体化"），要么是主体的幻象），皆因为他始终预设了装置和活生生存在之间的"分离"。但若根据德勒兹的福柯诠释，我们会发现其实 dispositif 不同于 appareil 的关键之处正在于它的线束形态早已在自身内部包含着变异的可能；同样，活生生的存在也并非仅仅是被装置任意操控、塑造的媒材，而是首先作为运动之线的自我蜷曲，并最终指向其差异之力的内在源泉。一句话，二者皆指向着"抽象机器"所运作的原初力场。当然，德勒兹会欣然赞同阿甘本的基本论点，即装置始终是前提，而且伴随着规训权力的兴起、装置的无限增殖,作为面具和傀儡的"主体"亦越来越成为典型的形态。但德勒兹随即会强调指出,故事绝非如此简单:一方面,appareil 与 dispositif 之间本还游弋着 machine 的复杂操作;另一方面,伪装的"面具"亦无法最终窒息作为生成之主体化的内在动力。

但这也并不是故事的全部。实际上,回归阿甘本自己的哲学本原,即"潜能"这个基本概念,会发现"自—相关"早已是他哲学思索的一个核心要点。就此而言,它与德勒兹基于"潜在"概念而阐发的主体化运动之间形成了极具张力的共振。对这两个基本概念的深入辨析,不仅令我们领会两位思想家在哲学趋向上的最为深刻的异同,而且更是得以在本文的语境之下重新反思、梳理 appareil/ machine/ dispositif 这三个概念之间的复杂关联。

根据凯文·阿特尔(Kevin Attell)的重要研

究，潜能这个概念虽然早自《无内容的人》就已初露端倪，但直到进入80年代之后它才真正成为阿甘本哲学中的一个核心概念[1]。这个阶段的两本代表作当然就是《潜能》(Potentialities)与《神圣人》(Homo Sacer: Sovereign Power and Bare Life,1995，尤其是"Potentiality and Law"一章)。而《潜能》中的《思想的潜能》一节又显然是重中之重，正是在这里阿甘本明确揭示了他所有哲学思索的终极源头，即对亚里士多德的潜能(dynamis)理论的别具一格的重新诠释。鉴于这个问题在阿甘本思想中的本原地位，有必要就此稍加展开。

首先，阿甘本从《论灵魂》(De anima)中一段晦涩的文本入手(417 a 2-5)。这是因为潜能首先体现为能力("I can")，但由此就导致一个悖论性难

---

1 Kevin Attell，*Giorgio Agamben: Beyond the Threshold of Deconstruction*, Fordham University Press, 2015, p. 86.

题：一方面，能力肯定具有实在性，比如只有当我们真正具有视觉能力的时候（"I can see"），才能够实在地感知一个对象；但同时，能力的实在性又显得非常可疑，比如，当外在对象不存在的时候，还能够说我们"拥有"一种感觉能力吗？亚里士多德的解答十分明确，即"起感而成觉的机能不是现实的，只是潜存的"[1]。由此感觉能力的认识论问题就导向一个根本的本体论难题，即"非存在之实在"（the existence of non-Being）[2]。但细读亚里士多德的原文，会发现其实他首先要回应的是自我感知这个难题："为什么不存在（对）感官本身的感觉？"换言之，外部对象之缺席这个设想的情形只是为了更好地考察感觉官能（faculty）

---

[1] 译文采用亚里士多德，《灵魂论及其他》，吴寿彭译，商务印书馆，1999年，第100-101页。《亚里士多德全集（第三卷）》（中国人民大学出版社，1992年）中的《论灵魂》（秦典华译）亦译作"感觉能力并非现实地存在着，而只是潜在地存在着。"（第42页）这与英译本中"actual"与"potential"的对照是一致的。

[2] Agamben, *Potentialities: Collected Papers in Philosophy*, translated by Daniel Heller-Roazen, Stanford University Press, 1999, p. 179.

与其自身的关系:既然眼睛可以看见对象,它为何不能看见自身?关键并不在于人的身体构造(因为这仍然是实在的方面),而恰恰是要领悟,作为潜能之感觉官能从根本上体现的是一种自我拥有(hexis),"自持"。而任何自持者皆具有一个明显特征,即保持自身同一、进而抗拒变化。阿甘本由此进一步界定,作为潜能的能力并非体现于其肯定的方面("I can write a poem"),因为肯定的方面指向的是其实现,必然需要有相关的对象;反之,真正的潜能只能以否定的形态出现("非—存在"),即"不行动的潜能,不转化为现实的潜能"(potential to not-do, potential not to pass into actuality)[1],这才是潜能的真正的本体论特征。由此亚里士多德进一步区分了类属的(generic)潜能和

---

1 Agamben, *Potentialities: Collected Papers in Philosophy*, translated by Daniel Heller-Roazen, Stanford University Press, 1999, p. 180.

专属的（existing）潜能[1]，前者必须经历变化（比如孩子通过学习而具有认知能力），而后者则是已然存在的能力之自持。

在这里，我们似乎隐约体察到阿甘本的"潜能"与德勒兹的"潜在"的最关键差异：如果说后者是内在于实在流变之中的维系持续变异和生成的根本动力，那么，前者恰恰是抗拒变异、拒绝实现的自持之能力，它关注的并非推进、延续生成，而恰恰是如何自生生不已的流变之中抽身而出。也正是在这个意义上，潜能所揭示的并非是生成之强力，而恰恰是拒斥生成的"人的非潜能之深渊"("the abyss of human impotentiality")[2]，它最终旨在"维系自身与其缺失之间的关系"（maintains itself in relation to its own

---

[1] "类属"和"专属"的译法参考亚里士多德，《灵魂论及其他》，吴寿彭译，商务印书馆，1999年，第101-102页。
[2] 阿甘本：《潜能》，王立秋、严和来等译，漓江出版社，2014年，第301页。

privation)[1]。若借用沃特金的精辟断语，可说阿甘本的潜能是以"示弱"来负隅顽抗（"the weak"），而德勒兹的潜在则是以"强势"来推进变异（"the strong"）[2]。但这里的"弱/强"之对照当然不能理解为道德判断上的等级区分，而更应该在《尼采与哲学》的意义上理解为力之不同格局或"图样"。如果说"我们不知道身体能做什么（nous ne savons pas de quoi un corps est capable）"[3]足以作为德勒兹的基本问题，那么阿甘本则可以针锋相对地指出，"非存在"、"不实现"、"无力"、"缺失"才是潜能的真正本质。

德勒兹与阿甘本，二者之"殊途"已显而易见，但是否亦能"同归"？

由此必须回到亚里士多德论述潜能的另一段核心

---

[1] Agamben, *Potentialities: Collected Papers in Philosophy*, translated by Daniel Heller-Roazen, Stanford University Press, 1999, p. 182.

[2] William Watkin, *Agamben and Indifference: A Critical Overview*, Rowman & Littlefield International, 2014, p. 148.

[3] Deleuze, *Nietzsche et la philosophie*, PUF, 1962, 1983, p. 44.

文本(《形而上学》1047 a 24 — 26):"倘若一物,在其实现活动时拥有潜能的话,那么就没有什么东西是非潜能的(esti de dunaton touto hōi ean huparxēi hē energeia hou legetai ekhein tēn dunamin, outhen estai adunaton)"[1]。这句晦涩之语引发了历史上众多阐释乃至猜度,但大部分研究者都倾向于将其视作一个无意义的"同语反复"("a tautology"):"what is not impossible is possible"。但诚如阿甘本在《神圣人》(1995)中明确指出的,这里所涉及的并非是"潜能作为一种单纯的逻辑可能性,而更是潜能之存在的实际模式"(the effective modes of potentiality's existence)[2]。简言之,我们理应从逻辑的层次深入其

---

[1] 转引自阿甘本,《潜能》,王立秋、严和来等译,漓江出版社,2014年,第302-303页。亦可参考 Hugh Tredennick 的权威英译:"A thing is capable of doing something if there is nothing impossible in its having the actuality of that of which it is said to have the potentiality."(转引自 Kevin Attell , *Giorgio Agamben: Beyond the Threshold of Deconstruction*, Fordham University Press, 2015, p. 87.)

[2] 转引自 Kevin Attell , *Giorgio Agamben: Beyond the Threshold of Deconstruction*, Fordham University Press, 2015, p. 91.

所揭示的本体论真相。这与之前围绕《论灵魂》的段落所展开的论述当然是一致的。但《形而上学》的这段文本显然又有其独特的深意,由此阿甘本才会选择它作为全文的总结。在这里,除了对于非潜能(impotentiality)的重申和强调之外,还补充了另一个关键要点:"唯有当非存在之潜能不再滞后于现实、而是彻底转化为现实之时,潜能才能真正存在"(there is truly potentiality only where the potentiality to not-be does not lag behind actuality but passes fully into it as such)。[1] 这句话初看颇令人费解,但它实际上意在协调亚里士多德的潜能理论的两个看似彼此矛盾的基本规定性:既然自持、缺失、不行动反倒是潜能的真正本质,那么,它又如何得以真正转化为现实?换言之,阿甘本在这里是否仅关注了潜能的"回

---

[1] Agamben, *Potentialities: Collected Papers in Philosophy*, translated by Daniel Heller-Roazen, Stanford University Press, 1999, p. 183.

收"这个方面,而忽略了其实还需要另一种更为关键的动力来驱使它向着现实进行转化?内隐与外显,自持与释放,难道不理应是同时并存的两个方面?阿甘本当然意识到了这个困难,但他之所以强调自持和回收的 "not-be" 的本质作用,正是为了克服亚里士多德的潜能理论的一个核心难题,即如何使得潜能最终能够保持自身的本体论地位(甚至是本体论上的优先地位),而不是完全耗尽于向着现实的转化之中,由此最终导致潜能与现实之间无法区分(indiscernible)乃至相互同一的尴尬结论[1]。而阿甘本给出的回应也极为清晰明确:要想真正保住潜能的本体论地位(而不是令其沦为彻底的否定或从属),那就必须将潜能

---

1 实际上,亚里士多德在《形而上学》中引入自己的 potentiality 理论的初始动机正是为了回应所谓的"麦加拉学派"(Megarians)的难题。海德格尔在 *Aristotle's Metaphysics Θ 1-3: On the Essence and Actuality of Force*(translated by Walter Brogan and Peter Warnek, Indiana University Press, 1995)中集中而深入地就此展开了讨论。他首先将"麦加拉原则"表述为:"做某事的能力仅存在于实施的过程中"(p. 143)。但这个原则由此也就将潜能等同于它的实现(actualization)或"实施"(enactment),从而最终否定了潜能本身的存在("'mere capability' can 'be'",p. 144)。

和现实之间的原初的、不可化解的本体论差异作为前提,唯有如此才能从现实之中去挽留乃至"拯救"("save","survive"[1])潜能,进而竭力规避后者彻底湮没于现实之中的厄运。由此也就意味着,二者之间的"分离"仍然是前提,但必须有一种操作能够在分离的前提之下起到中介性的斡旋作用,那正是非潜能(impotentiality)。非潜能完全放弃了自身("exhausted all its impotentiality"),作为牺牲和祭品,只是为了最终能维护潜能的自持地位[2]。

即便如此,我们当然还是有理由继续追问一句,到底非潜能作为怎样一种操作才得以真正敞开此种作为前提的本体论差异和间距?首先,作为中介形态,

---

[1] Agamben, *Potentialities: Collected Papers in Philosophy*, translated by Daniel Heller-Roazen, Stanford University Press, 1999, p. 184.

[2] "潜能不是有待发生的现实。它是一个被非潜能所庇护(假如你愿意这样说)的纯粹的、实存的场域。非潜能在必要的时候将在实现过程中牺牲自身,只是为了潜能得以留存。"(William Watkin, *Agamben and Indifference: A Critical Overview*, Rowman & Littlefield International, 2014, p. 154.)

它本身显然既非彻底潜在,又非彻底现实,而是二者之间的不可区分的模糊和过渡的区间,或者更恰当地说,作为潜能的终极庇护,它起到的毋宁说是"悬置"(suspension)、"延迟"(delay)其实现的关键作用。显然,在这个意义上,阿甘本的论述极为接近于德里达的"延异"(différance)。他自己亦明确指出这一理论来源,并于《Pardes:潜能的写作》一文中结合德里达的书写—痕迹的理论对非潜能的此种延异运作进行了深入解说。在该节的最后,他再度回归亚里士多德的文本,由此对这个贯穿性的主题进行了另一重变奏[1]。在这里,研讨的语境不再是感觉的能力,也不再是 not-be 的本体论难题,而是转向亚里士多德的另一个晦涩概念,即"思考自身的思想"(thinking of thinking),并明确强调这个问题与潜能理论的本质相

---

[1] "这种不……的潜能(potential not to)是亚里士多德的潜能学说的枢要秘密"(阿甘本:《潜能》,王立秋、严和来等译,漓江出版社,2014年,第384-385页,原文的黑体字)。

关:"思想着的思想首先是一种回转于自身之上的思想(和不思想)的潜能,potentia potentiae(潜能的潜能)。"[1] 而"写字板"(grammateion)及"浸在思想中的笔"(dipping a pen in thought)这样的著名隐喻皆是对此种自指、自持的自相关状态的生动描摹。阿甘本同样在这个意义上来理解德里达的"痕迹"概念:"痕迹……不是形式,它也不是从潜能向现实性的过渡;相反,它是有能力的、经验到自身的潜能"[2]。但阿甘本对痕迹的此种诠释又显然打上了他自己思想的烙印。既然痕迹本来就是潜能和现实之间的中介,那它为何就不能是前者向后者的"过渡"(passage),而只能是潜能的自指和自持?其实在这里鲜明显示出阿甘本自己的立场,即对抗亚里士多德对"现实性之优先地位"(primacy of actuality)的强调,进而回归潜能在本体

---

1 阿甘本:《潜能》,王立秋、严和来等译,漓江出版社,2014年,第385页。原文的黑体字。
2 同上书,第386页。原文的黑体字。

论上的优先性。而痕迹在这里之所以能够起到关键作用，正是因为抹除自身（self-erasure）是它的基本运作方式。自我抹除，也就意味着痕迹自身是一个不断趋向消失的运动过程，因而它断然不是从潜能到现实的连续的运动，而更是通过自身的耗竭和牺牲进而维护着潜能的纯粹自持。它的目的不是将潜在之力实现、呈现、释放出来，而恰恰是以一种极端的自我毁灭来阻断潜能和现实之间的同一。

3. 从"潜能"到"潜在"：时间性维度的敞开

即便阿甘本结合诸种谱系学的考察深入揭示了非潜能的痕迹之运作，但我们仍可以从本体论的根基之处提出一个关键的质疑：为何非潜能最终一定要朝向潜能这一极，并最终旨在维系后者的纯粹自持？为何它不能反过来朝向现实，作为一种趋于实现的力量？

或,即便我们暂且接受阿甘本的基本原则,但仍可以追问,潜能之自持真的足以界定其根本的本体论内涵吗?自持难道不本应是一个暂时性的过渡阶段,它最终旨在蕴积力量、以便重新开始和发动?之所以有如此质疑,当然亦是基于亚里士多德的潜能理论的应有之义。他对现实性之优先地位的强调并非意在否定潜能的本体地位,而恰恰是为了更为明确地揭示其最终朝向现实的运动目的。在这个意义上看,亚里士多德和麦加拉学派在对待现实性的基本立场上是完全一致的,而前者的最重要的理论贡献恰恰是提出了一个比后者更有根据的哲学基础,对潜能的存在样态提出了一个更可信的哲学说明(而并非如后者那般单纯持否定的立场)。

在对《形而上学》这个关键段落所进行的细密诠释之中,海德格尔也做出了极为相近的说明。他首先指出,真正理解"δύναμις/potentia"的第一步当然是超越麦加拉学派的否定性立场，指出 potentia 本质上应是一种自持（δύναμις ἔχειν），这与阿甘本的基本原则当然是一致的。但对于海德格尔来说，这仅仅是第一步，因为他接下来随即进一步将"拥有"（having）界定为"训练"（being trained），并由此区分了"训练"与"践行"（practicing）：前者是力量的准备和积聚，后者才是力量的真正实现（enactment）[1]。在稍早的段落中，他更是明确说明，我们之所以要"将践行的能力收回自身"，恰恰是为了"保持住它，尤其为了别的情境和机会做好准备"[2]。这当然呼应着他在《现象学基本问题》及《存在与时间》中对可能性的本体论优先地位的强调，但在这里，海德格尔的这些阐释或许更是意在重申亚里士多德的源始立场："现实性

---

[1] Heidegger, *Aristotle's Metaphysics Θ 1-3: On the Essence and Actuality of Force*, translated by Walter Brogan and Peter Warnek, Indiana University Press, 1995, p. 161.
[2] Ibid., 1995, p. 159.

必须被重新纳入到潜能的领域之中"（actuality must be reinscribed within the domain of potentiality）[1]。"reinscribe"是极为恰切的说法，因为它强调的是基于潜能这个本体论基础对现实性进行"重新"说明，而绝非是如阿甘本那般仅仅持守于"拥有"（having）这第一个阶段，并由此最终导向了潜能与现实的本体论分离这个根本前提。就此而言，阿特尔将"亚里士多德—海德格尔—阿甘本"的潜能理论相并称的提法就显得理据不足。

实际上，在德勒兹那里亦有非常接近于非潜能的中间阶段，而且似乎要比海德格尔的阐释更能揭示其"蕴积待发"的存在样态。这当然就是他自柏格森哲学（尤其是《物质与记忆》）中引申而得的"情状"（affection）概念。情状这个重要概念散见于德勒兹的

---

[1] Kevin Attell, *Giorgio Agamben: Beyond the Threshold of Deconstruction*, Fordham University Press, 2015, p. 92.

各种文本之中，但最具启示性的阐述当属《电影 1》中对三种运动—影像的揭示，其中情状—影像（image-affection）恰好处于知觉—影像（image-perception）和行动—影像（image-action）之间。鉴于德勒兹的论述基本上源自《物质与记忆》的原始文本，我们在这里更有必要回归这部早期经典来一窥堂奥。实际上，柏格森在《物质与记忆》第一章中深入研讨情状概念的段落也恰恰是基于"现实行动 / 潜在行动"（action réelle/action virtuelle）的区分这个重要的理论背景[1]，从而清晰显示出它与"潜在"这个主题的本质关联。德勒兹自己始终强调潜在与现实（virtuel/actuel）之间的"不可分割"（inséparable）的关联："处于自我实现的过程（en train de s'actualiser）之中的潜在，无法

---

[1] 柏格森：《物质与记忆》，姚晶晶译，安徽人民出版社，2013 年，第 42-43 页。同时参考法文本 Bergson, *Matière et mémoire: Essai sur la relation du corps à l'esprit*, Première édition (1939), Paris: Les Presses universitaires de France, 1965, 72e edition.

与这个实现运动相分离。"[1] 而柏格森对情状的讨论尤其可以作为这一要点的典型例证。首先，他之所以提出"潜在"这个概念，正是因为它是从"现实"的物质宇宙之中开启出心灵维度的初始阶段（"意识意味着潜在的行动"（conscience signifie action possible）[2]）。若单纯局限于物质—形象（matière-image）的广大范域，其中根本不可能有潜在的维度存在，因为无限延展的宇宙本不存在固定的中心，而形象之间也都是遵循自然法则（"les lois de la nature"）以决定性的方式即时地进行交互作用。只有当我们根据柏格森的提示采取"缩减"的操作，也即从整个宇宙转而聚焦于人的身体之时，潜在的维度才初露端倪。人的身体与其他林林总总的形象皆有不同，它是以自身为中心向外展开辐射的关系，而且它对外部刺激往往并不是直接

---

1 转引自 Anne Sauvagnargues, *Deleuze: L'empirisme transcendental*, PUF, 2009, p. 105.
2 柏格森：《物质与记忆》，姚晶晶译，安徽人民出版社，2013年，第40页。

地、即时地进行反应,而总是体现出延迟、悬置、选择乃至阻抑的作用。正是在这个意义上,身体的行动并非完全现实,而是已经初步体现出潜在的精神性特征。由此可以明确区分知觉(perception)和"情状/情感(affection)"这两种基本的身体活动:前者是从外部的、现实的角度将身体视作一物,进而描述其与周围外物之间的实在的关联;后者是从内部的、潜在的角度将身体视作意识/心灵的诞生地,进而理解它之所以能够作为宇宙的局部中心的独特本体论地位[1]。看似这里对现实/潜在的解说仍然体现出身/心、外/内、广延/非广延(extended/unextended)的鲜明的二元对立,但实际上柏格森更意在通过情状概念的引入来实现对各种类似的二元对立的超克。他进而指出,情状首先不是一个封闭的内在领域,而从根本上说是

---

[1] "我的知觉存在于身体之外,而我的情感存在于身体之内"(柏格森:《物质与记忆》,姚晶晶译,安徽人民出版社,2013年,第49页)。

从物到心的连贯运动("不知不觉地"(qu'on passe, par degrés insensibles)[1])。他尤其以疼痛为例来说明这一点。伴随着肉体上的刺激强度的不断增加,我们在心灵之中也"相应地"感受到逐渐变得剧烈的情状/情感。但这亦并不意味着情状就可以被彻底还原为物理的现实的过程(否则情状就可以被还原为、等同于知觉),相反,它的根本作用就是在物的刺激与心的反应之间制造出了一个延迟的"间距/间隔"(intervalle/distance),而这正是潜在维度的真实体现("n'exprime jamais qu'une action virtuelle"[2])。他进一步指出,情状之所以是间隔,首先是因为它的根本作用是对外部力量的吸收和蕴积("absorber"),而且这些吸收的力量都淤积于身体的局部,因而无法有效的、直接地实现为行动:"任何痛苦都是一种局部的努力(un effort

---

[1] 柏格森:《物质与记忆》,姚晶晶译,安徽人民出版社,2013年,第43页。
[2] 同上书,第48页。

local),其无效性的原因(cause de son impuissance)正存在于它的局部性"[1]。这也是为何所有情状都注定是"徒劳无功的"(impuissant)[2]。

显然,这里对情状之"无力"、"无效"的特征的描绘都鲜明体现出与阿甘本的非潜能概念的相近性。只不过柏格森始终强调潜在/现实的密切相关性("潜在行动因真实行动而复杂化并孕育着真实行动"(actions virtuelles se compliquent et s'imprègnent d'actions réelles)[3]),并在后文重点通过记忆问题的引入及绵延的时间性样态的阐释来对此种相关性进行哲学上的论证。无疑,德勒兹自己的潜在概念既受到柏格森这些关键论述的决定性影响,但同时又沿着不同的方向进行了创造性引申。

---

[1] 柏格森:《物质与记忆》,姚晶晶译,安徽人民出版社,2013年,第47页。
[2] 同上书,第47页。
[3] 同上书,第50页。

沃特金曾仔细辨析了德勒兹的潜在概念的种种看似难以克服的内在困境，由此指出转向阿甘本的潜能概念的必要性。我们不妨从此入手，继续展开后文的论述。实际上，在他列出的五个要点当中[1]，第二点显然是核心：即便我们（如柏格森和德勒兹那般）承认潜在与现实之间的不可分裂的密切关联（"inséparable"），但仍然存在着一个根本难题，因为德勒兹所强调的实现（actualisation）并非是一个统一的、连续性的运动，而恰恰是以变异（变化、差异化）为前提。正是在这个意义上应将其恰切称作"生成"，因为在其中所产生的是持续的性质差异（"difference de nature"[2]），是"新"的创造（creation of the new）。由此必然导致一个看似无解的难题：那么，判

---

1 William Watkin, *Agamben and Indifference: A Critical Overview*, Rowman & Littlefield International, 2014, p. 145.
2 Delezue, *Le bergsonisme*, PUF, 1966, p. 31.

定差异之为差异的标准何在?既然我们始终只能内在于生成之流,那又何从区分变化的不同阶段,进而将它们之间的关系判定为差异?阿甘本的潜能理论并不存在这样的问题,因为它始终预设了潜能与现实之间在本体论上的分离—差异,或者说,他以"某种"根本性差异作为根本原则,进而维系着"种种"不同的、衍生的差异形态、令它们最终不再塌陷于同一之中。

但此种质疑看似言之凿凿,实际上却完全错失了德勒兹的生成概念的关键要点,即它从来不是一个单纯线性的过程(causality)。线性的过程必然以次序上的区分为前提,比如潜能为在先的状态("因"),而现实则相应地作为随后的"结果",由此非潜能才能作为二者之间的延迟或悬置的痕迹。但在德勒兹所谓的生成—变异之中,潜在并非在先之因,而是"同时"存在的差异的系列,正是这些平行的、并置的差异系列("coexistent les lignes de temps"[1])使得真正的变异得以产生。潜在并非严格意义上的原因,而只能说是一种"虚—因"(quasi-cause)(《意义的逻辑》),因为它与现实性之间的关系并非单纯的决定性的先后次序,而更是开放的、多元的、甚至是互相渗透的复杂网络形态。由此,沃特金所质问的"实现何以未构成潜在的否定"(how actualization does not negate the virtual)或许对于德勒兹远非一个根本性的问题,因为"否定"所预设的"对立"关系当然也可能出现于潜在和现实之间,但它完全不足以界定二者的真正关联,而充其量只能是蕴含于潜在/现实之并置运动之中的可能危险,正如构成 dispositif 之线亦隐含着僵化与夭折的危险。借用 Sauvagnargues 的总结:潜在虽然有别于现实,但二者的关系并非对立(s'oppose),而是

---

[1] Anne Sauvagnargues, *Deleuze: L'empirisme transcendental*, PUF, 2009, p. 110.

"并存"(coexiste)[1]。

这也正是为何在德勒兹那里,"延迟"的时间运动从未占据主导,因为真正的变异的动力源自平行系列之间的"共振"(résonance)。若借用《电影2》中的"时间晶体"的经典形象,则可说在德勒兹那里,"悬置的模糊区域"(zone of suspensive indistinction)[2]不再介于彼此相异相分的先后两个时刻、状态或阶段之间,而恰恰是介于当下的、现实的时间"尖点"与包围着它的不断衍生的记忆、梦幻及世界影像的庞大"潜在"循环之间——二者之间始终是彼此呼应的、同时存在的双重镜像,而它们最终聚合在一起的最小循环恰恰就是"不可辨识点"[3]。再度借用 Sauvagnargues 的凝练概述,可以说德勒兹是以"分叉的时间模型

---

[1] Anne Sauvagnargues, *Deleuze: L'empirisme transcendental*, PUF, 2009, p. 112.
[2] William Watkin, *Agamben and Indifference: A Critical Overview*, Rowman & Littlefield International, 2014, p. 144.
[3] 德勒兹:《电影2》,谢强等译,湖南美术出版社,2004年,第108页。

取代了线性时间"（Le modele du temps qui bifurque se substitue au temps lineaire）[1]。而对潜在概念偏爱有加的 Manuel Delanda 则结合当代物理学的发展进一步将这两种时间分别称作广延性时间和强度性时间（extensive time/intensive time），前者以线性次序为特征，而后者的根本样态恰恰是不同时间维度的并置："众多彼此差异的序列进程之间的平行运作，令我们对新异之创生获得了新的启示"[2]。

由此也就引向德勒兹哲学中的一个核心主题，即情状（affection）与情动（affect）之间的辩证。前面我们已经结合《物质与记忆》的文本阐发了情状的近乎非潜能的样态，而沿循德勒兹的思想发展，只有当我们从情状转向情动之时，才能真正揭示平行—共振的"潜在"的时间性内涵。关于这对概念之间的复杂关

---

1 Anne *Sauvagnargues, Deleuze: L'empirisme transcendental*, PUF, 2009, p. 109.

2 Manuel Delanda, *Intensive Science and Virtual Philosophy*, Continuum, 2002, p. 97.

联,当然并非当下所能展开研讨,因为它涉及从斯宾诺莎诠释到《什么是哲学?》的漫长思想谱系。这里,我们仅借用德勒兹自己的一个重要界定:"affection[情状]适用于受影响的身体之状态,……而 affectus[情动]适用于从一种状态向另一种状态之转变。"[1] 正是这个基本区分将我们从《物质与记忆》中的偏向悬置、蕴积的情状导向《电影2》中的时间—影像之情动,并由此最终引向潜在与现实并置的时间晶体的本体论模型:"从情动开始,它正是我们在时间之中所体验到的;然后是时间本身,它就是自我增殖的纯粹潜在性(pure virtualite qui se dedouble)。"[2]

---

[1] 德勒兹:《斯宾诺莎的实践哲学》,冯炳昆译,商务印书馆,2004年,第57页。
[2] 转引自 Anne Sauvagnargues, *Deleuze: L'empirisme transcendental*, PUF, 2009, p. 111.

4. 从捕获装置（appareil de capture）到战争机器（machine de guerre）：生命政治的微言大义

现在我们可以再度回到 dispositif 的研讨。实际上，在德勒兹和瓜塔里的语境之中，确实有另一个概念足以揭示从情状/非潜能到情动/潜在的转化。这当然就是"战争—机器"。机器介于 appareil 和 dispositif 之间的中介形态，在本文伊始即清晰提示。现在，有可能结合战争—机器这一重点案例再度展开深入阐发。

起初，战争—机器这个说法会让人觉得它只是机器之一种，但实情却是，战争足以界定机器的本质特征。或者说，所有的机器在本质上都是战争—机器[1]，当然前提是这里的"战争"已经改变了其通常的意义。

---

[1] "如果权力自身是力量关系的实施与展开，……难道不更应当首先用战斗、对抗或战争这样的术语来分析吗？"（福柯：《必须保卫社会》，钱翰译，上海人民出版社，2010年，第12页。）

但我们真的理解战争本身那复杂的、乃至悖论性的特征吗？在名作《战争的文化》开篇，范克勒韦尔德就给出了战争的明确定义："理论上讲，战争只不过是为达到目的而使用的一种手段，是一种通过杀死敌人、击伤敌人或以其他手段使敌人丧失战斗力，从而服务于某一集团利益的行动——如果说非常残酷，却是理性的。"[1] 由此，战争从手段和目的上体现出双重特征：一方面是作为非理性的、盲目的、猛烈的暴力；但另一方面，所有这些又都是为了服务于某种外在的目的（政治的需要，经济的利益，等等）。而手段与目的的统一，这恰恰正是战争的"理性"。不过，战争真的只能被还原为这看似对立的两极吗？范克勒韦尔德随即敏锐指出，实际上，在这两极之间的"悬置的模糊区域"恰恰展现出战争作为一种人类文化形态的种种独

---

1 ［以］马丁·范克勒韦尔德：《战争的文化》，李阳译，北三联书店，2010年，"前言"第1页。

特面貌:"战争本身就可能是快乐的源泉,甚至是最大源泉。从战争的魔力中产生了一整套围绕着战争的文化。"[1] 换言之,真正转换思路的要点就在于,从战争作为从属的手段、超越的目的转而思索"战争本身"。而这一点,克劳塞维茨在旷世之作《战争论》中早已明确提示。在第一篇第一章的结末,他总结了战争作为"奇怪的三位一体"的特征:一是"盲目的自然冲动",二是"自由的精神活动",三是"纯粹的理智行为"[2]。显然,在看似彼此对立的第一点和第三点之间所展现的,正是充满着"盖然性和偶然性"的"战争本身"的活动。由此已经清晰体现出战争—机器的雅努斯式的双面特征,这也与appareil-machine-dispositif的三分模式相当吻合:当它朝向国家(l'Etat)、政府

---

[1] [以]马丁·范克勒韦尔德:《战争的文化》,李阳译,三联书店,2010年,"前言"第1页。
[2] 克劳塞维茨:《战争论》,第一卷,中国人民解放军军事科学院译,解放军出版社,2010年,第29页。

之时，它就呈现为 appareil 的一个重要构成部分（"军队"）；而当它潜入广阔复杂的社会场域之时，又往往具体化为种种灵活的 dispositif（"警察和狱卒"（des geôliers）[1]）。不过，虽然 appareil 尝试各种方式将战争之力化为己有、对其进行"理性化"的疏导，dispositif 运用浑身解数、对战争之力进行"诱捕"，但所有这些并不足以彻底摧毁、瓦解"战争本身"的重要特征，即作为源发的暴力之间的对抗[2]，力与力之间的策略性图样。游弋在 appareil 和 dispositif 这两极之间的，正是"战争—机器"的悖论形态。正是在这个意义上，确实可以说没有哪种人类活动如战争那般明确而又生动地揭示了机器的本质性样态。

上述这些要点也正是贯穿《千高原》中关于"战

---

[1] 德勒兹、瓜塔里：《千高原》，姜宇辉译，上海书店，2010年，第504页。同时参考法文版 *Mille Plateaux*, Les Éditions de Minuit, 1980。必要时对译文进行修正。下同。
[2] "战争无非是扩大了的搏斗"（克劳塞维茨：《战争论》，第一卷，中国人民解放军军事科学院译，解放军出版社，2010年，第3页）。

争机器"的冗长论述(12和13章,近200页的篇幅)的主导线索。不过,所有后续的长篇大论无疑皆源自最基本的公理1:"战争机器是外在于国家机构的(extérieure à l'appareil d'Etat)。"[1] "外在性"首先强调的是战争机器"不可还原为国家机构……它来自别处"[2]。然而,这并不意味着它就是一个"第三者"(un troisième)或居间的"状态"(états),而是作为游弋于统治权力的两极间的动态性生成和强度性解域。随后作者们从人种学、认识论、游牧民史等广阔论域对这个要点展开论述,但最重要的基本证据还是源自神话学。尤其是在杜梅泽尔(Georges Dumézil)的神话学研究之中(Mitra-Varuna),战争机器的介于两极之间的异常形态已然得到清晰阐释。所谓的两极即"魔法师—国王"和"祭司—法学家"之间的对立,二者施

---

[1] 德勒兹、瓜塔里:《千高原》,姜宇辉译,上海书店,2010年,第502页。
[2] 同上书,第504页。

行权力的方式首先有着明显对立：前者擅长发挥模糊的、可怕的魔法性暴力，而后者则更热衷于通过"有条理"的契约（pacte）来建构、组织种种机构和体制。不过，二者表面对立，暗地里却彼此勾连，共同构成了牢不可破的国家机构的两个方面。而正是由于外在的、"来自别处"的战争机器的介入，使得这看似不可撼动的完美格局往往陷入到岌岌可危的境地："从国家的视角来看，战争的人所具有的独创性和异常性必然以一种否定的形式出现：愚蠢，丑陋，疯狂，非法性，僭越，罪恶……"[1] 德勒兹与瓜塔里重点提及了介于 Romulus-Numa 这罗马王权的两极之间的所谓"邪恶国王"（mauvaise roi）[2]，颇能作为"战争的人"的生动写照。实际上，对这个"邪恶"的居间者的描绘也恰恰是杜梅泽尔论述中的一个要点。全书的标题虽然

---

1 德勒兹、瓜塔里：《千高原》，姜宇辉译，上海书店，2010年，第507页。
2 同上书，第508页。

清晰呈现为二元对立（Mitra-Varuna），但杜梅泽尔通过极为细致的文本阐述所要瓦解的恰恰是这个过于简化的对立模式："每当这样一个对偶——或其中一个成员、但也就或明或暗地牵涉到对立一方——陷入到一场冲突之中，它的对手总是外在的，异质的（its adversary is always external, heterogeneous）。"[1] 而此种复杂性的典型体现正是邪恶国王的屡屡介入，令本来清晰明确的权力格局变得混乱不堪："在每种情形之中，我们都会碰到一个'邪恶的'或'恶毒的'国王，一个暂时性的篡位者，身处两段'太平盛世'之间。"[2] 然而，战争的人并非只是神话和历史中的形象，相反，在最为激进的政治想象之中，它也往往是一个动人心魄的典型意象。在《千高原》中，战争之人及其所发

---

[1] Dumézil, *Mitra-Varuna: An Essay on Two Indo-European Representations of Sovereignty*, translated by Derek Coltman, Zone Books, 1988, p. 114.

[2] Ibid., p. 115.

明、发动的战争机器每每聚焦于 Kleist（Heinrich Von Kleist）这位离经叛道者身上："他的作品的构成要素是秘密、速度和情动（l'affect）。"[1] 这正是因为 Kleist 的"秘密"并非有待破解的隐藏之物，而恰恰是不断流变的生成之物。正是由此，秘密才与速度和情状密切相关：如果说情动是解域性的生成，那么"速度"正是此种生成的纯粹的时间性向度。由此，我们确实可以说速度正是战争机器之"潜在性"的最为集中的体现方式："战争机器包含着对于一种速度矢量的释放。"[2]

也正是在作为潜在性之速度的意义上，我们才能够真正透彻理解战争机器的居间地位，进而在时间性的含义上深刻领悟克劳塞维茨关于战争本身的"盖然性和偶然性"的提示。或许并非出于偶然，阿甘本

---

1 德勒兹、瓜塔里：《千高原》，姜宇辉译，上海书店，2010年，第510页。
2 同上书，第572页。原文的黑体字。

在晚近也同样开始关注战争这个重要概念。[1] 其近作的标题就是《内战》(*Stasis: Civil War as a Political Paradigm*)，甚至将战争提升为一种基本的"政治范式"，其关键地位可见一斑。这里，我们仍然专注于潜能与潜在的基本对比简要勾勒其中的线索。

阿甘本指出，内战这个概念之所以重新变得关键，正是因为它是在传统意义上的战争形式接近消亡之际而浮现出来的新的战争形态。[2] 虽然因为"革命"概念的兴起，内战这个主题逐渐失势，但当我们回溯至它在古希腊的原初形态，会再度发现其仍然蕴含着的思想潜能。与《千高原》中所着重描绘的战争之人和战争机器的居间地位相似，stasis 在古希腊亦是介于家庭（oikos）和城邦（polis）之间的"含混而复杂的关联"

---

[1] 对战争问题的关注，或许最早可回溯至 2003 年的《例外状态》。
[2] Agamben, *Stasis*, translated by Nicholas Heron, Stanford University Press, 2015, p. 2.

(a more ambiguous and complex relation)[1]。传统的研究大多强调城邦对家庭的超越（"overcoming"），如黑格尔在《历史哲学》中就将这个过程阐释为从"自然"（"血统关系"）向"精神"（"法律和风俗"）的超越[2]。或如柏拉图在《理想国》中更为清晰的阐述：个体灵魂的三分与城邦等级的三分相互呼应，共同指向宇宙的整体性结构。在这里，理念的秩序超越了自然的谱系，并界定了世界的真实本质。而阿甘本重点借助 Nicole Loraux 的研究进而指出，stasis 这个概念恰恰扰乱、模糊了本来清晰的两分架构，因为作为"内在于家庭之中的战争"(oikeios polemos)[3]，它揭示的恰恰是一种根源的含混性：一方面，它是"分裂之本原"，因而无法彻底在城邦的层面上被消除和超越；但另一

---

[1] Agamben, *Stasis*, translated by Nicholas Heron, Stanford University Press, 2015, p. 6. "内战同化了兄弟与敌人、内部与外部、家庭与城邦，使得它们彼此之间无从判定。"(Ibid., p. 14)

[2] 黑格尔：《历史哲学》，王造时译，上海书店出版社，2006年，第212页。

[3] Agamben, *Stasis*, translated by Nicholas Heron, Stanford University Press, 2015, p. 8.

方面，它又是"和解之范式"，也就意味着城邦不再是真实秩序的本质体现，而反倒是作为家庭关系在宏观层次上的一种投射。[1] 虽然充满洞见，但 Loraux 对 stasis 本身的特征却并没有进一步深入论述，由此阿甘本结合其对生命政治的思索进行了引申论述。他指出，实际上家庭和城邦的对立也同样对应着 zōē 和 bios 这两种基本的生命形态之间的对立：若前者是单纯的自然的生活/生命，则后者就是政治意义上的"好/善的"生活/生命。[2] 这个区分当然呼应着自 *Homo Sacer: Sovereign Power and Bare Life* 以来的基本思路，又尤其指向着《什么是装置？》中所重点描述的活生生的存在和装置间的"残酷斗争"的关系。换言之，stasis 所揭示的恰恰是"战争"状态的无法根除亦无可还原的存在样态，因为它正是 zōē 和 bios 之对

---

[1] Agamben, *Stasis*, translated by Nicholas Heron, Stanford University Press, 2015, p. 7, 9, 13.
[2] Ibid., pp. 11-12.

峙和对抗在当代的政治情境中的集中鲜明的体现。即便国家间的大规模战争已接近销声匿迹,但内战这样一种更为普遍性的对抗形态却时时刻刻都渗透于生活/生命的方方面面。不过,stasis揭示了危机的根源,同样也就蕴含着解决的策略。由此阿甘本再度引入了他的 impotentiality/indifference/inoperation 的概念谱系,只是为了强调,作为家庭和城邦之间的含混莫辨的("indiscernible"[1])区域,stasis同时也可以作为"僭越的阈限"("transgressing the threshold"[2])。简言之,它既是"both... and...",但同时又是"neither... nor..."。也即,它既可以作为将家庭/自然的zōē归属于国家/政权的bios的有效手段("政治化"(politicisation)),但同时又可以作为令后者转化为前者的策略性途径("去政治化"(depoliticised))。不妨

---

[1] Agamben, *Stasis*, translated by Nicholas Heron, Stanford University Press, 2015, p. 15.
[2] Ibid., p. 16.

借助阿甘本自己的图表来清晰总结：

政治化（politicisation）⇆ 去政治化（depoliticisation）
家庭 (oikos) ——│内战 (stasis)│——城邦 (polis)[1]

而正如在德勒兹那里，战争机器本是潜在性的典型体现；在阿甘本这里，活生生的存在与装置间的战争亦理应基于潜能这个根本概念来进行透彻理解。由此必须回到阿甘本作出 zōē 和 bios 这个著名区分的思想源头，即《形式生命》。在这篇名作的起始，阿甘本就明确给出了二者的分别界定："zōē，表达的是一切生物（动物、人或神）共享的生命这一直接事实，bios，则指某单一个体或群体所特有的生命形式或方式。"[2] 显然，这个区分远不如《内战》中的阐释那般

---

[1] Agamben, *Stasis*, translated by Nicholas Heron, Stanford University Press, 2015, p. 22.
[2] 阿甘本：《无目的的手段：政治学笔记》，赵文译，河南大学出版社，2015 年，第 3 页。同时参考英译本：Agamben, *Means without End*, translated by Vincenzo Binetti and Cesare Casarino, University of Minnesota Press, 2000.

清楚明白,原因或许正是其中仅仅从"状态"上对两种生命进行了对比,而忽略了一个关键要点:如若不能同时揭示二者之间相互对抗和转化的复杂运动过程,单纯的二元性的状态描述是没有多少理论上的效力的。在《内战》中,是 stasis 游弋于政治化/去政治化之间的模糊地带,既分离又联结;而在《形式生命》之中,则显然是基于潜能这个基本概念所作出的形式生命和赤裸生命之间的划分:"人的生命,它所特有的方式、行动和过程绝非仅是事实,而总是且首先是生命的可能性(possibilities),总是且首先是权力(power)。"[1] 根据英译者的极为关键的注释,"power"这个英文词在意大利语中本有两个对应形式,即 potenza 和 potere:"Potenza 总是含有去中心化的或集聚性(mass)的力量和强力观念以及潜能(potentiality)的

---

[1] 阿甘本:《无目的的手段:政治学笔记》,赵文译,河南大学出版社,2015年,第4页。原文的楷体字。

意涵。而另一方面，potere 则指已经结构完成并中心化了的能力（capacity）——通常即国家之类的制度化机器（apparatus）——所具有的强权或权威。"[1] 显然，虽然同样体现为"power"的运作，但 potenza 趋向于 dispositif 这一极，即去中心化的、多元复杂的力的"集聚"，在这个意义上它正对应于潜能；而 potere 则明显导向 appareil 这一极，即中心化的、固化的机构，它正是通常意义上的国家统治的权力。这两个方面绝非对立、分裂，而只是 power 运作的两个互逆的方向而已。由此 zōē 和 bios 这个初始的区分进一步得到深化：原本它们仅为生命形态的两极（就正如 Mitra-Varuna 是统治权力的两极），但现在被 potenza/potere 这双重运作带入到中间的含混区域。当权力运作趋向于 bios 这一极的时候，生命就不断剥离了它自身的

---

[1] 阿甘本：《无目的的手段：政治学笔记》，赵文译，河南大学出版社，2015年，第4页，注解①。

形式，成为任由权力塑造的赤裸生命；当权力运作趋向于 zōē 这一极的时候，生命得以不断返归其内在的（inherent/immanent）形式，从而重新获得潜能。借用 David Kishik 的精妙概括，则可说前者是"凌驾生命**之上**的权力"（power **over** life），而后者则恰恰是"生命**本身**的权力"（power **of** life）[1]。

这样，《什么是装置？》中关于活生生存在/装置的对峙、对抗的二元性论述也必须在《形式生命》至《内战》这一脉络的潜能学说的基础上得到深入理解。真正的"战争"并非是明确分化的两极间的对抗（dispositif-appareil），而恰恰始终是发源自含混的中间地带，这里天然就是战争机器得以运作的平滑空间，亦是真正的生命政治的专属演练场："政治就是这样一个场域，它不断地被家庭/城邦、政治化/去政治化的

---

[1] David Kishik, *The Power of Life: Agamben and the Coming Politics*, Stanford University Press, 2012, p. 100. 原文的斜体字。

张力性之流所贯穿"[1]。但阿甘本基于潜能概念所提出的内战理论与德勒兹（和瓜塔里）基于潜在概念所提出的战争机器学说还是有着明显差异的。对于阿甘本，两极之间的"张力……是无从化解的（irresolvable）"[2]，其根源当然是潜能与现实的最终分裂；而对于德勒兹和瓜塔里来说，平行并置才是潜在和现实之间的真正关联，由此战争机器虽然也往往会陷入到僵化或失效的危险境地，但这些都无法最终耗尽它内在的解域性生成的动力。

由此也就最终导向阿甘本和德勒兹在生命概念上的根本差异。前者那里始终无从化解的 zōē 和 bios 间的张力在后者那里从未真正成为难题，对于德勒兹，生命本身的"绝对内在性"（"L'immanence

---

[1] Agamben, *Stasis*, translated by Nicholas Heron, Stanford University Press, 2015, p. 23.
[2] Ibid., David Kishik 也明确指出："我们将用'生命政治'来指称这两种力量之间的持续对抗，而非将它们视作彼此独立。"（David Kishik, *The Power of Life: Agamben and the Coming Politics*, Stanford University Press, 2012, p. 101.）

absolue"）才是真正的主题。阿甘本显然清晰意识到这一点，并以此为题为《潜能》第三部分作结。在这里，他重点研讨了德勒兹生前出版的最后一篇文稿"L'immanence: une vie…"[1]，由此强调了内在性这个概念在德勒兹的生命哲学中的核心地位。对生命的关注和研讨，当然是德勒兹一以贯之的主题。他自己在访谈中亦明确指出："我写的一切都是有关生命的，至少我希望如此。"[2] 从《差异与重复》直到《千高原》，生命这个主题在哲学、艺术、科学的不同横断面上进行差异性变奏。但若说所有这些平行共振的系列（séries）皆最终汇聚于"绝对内在性"这个核心，似乎亦并不为过。诚如德勒兹在这篇凝练短文的开始处所明示的，主体/客体分化的框架无从真正把握生命运动的

---

[1] 收于 Deleuze, *Deux régimes de fous*, Les Éditions de Minuit, 2003, pp. 359-363.
[2] 转引自 John Protevi, "Deleuze and Life", in *The Cambridge Companion to Deleuze*, Cambridge University Press, 2012, p.239.

真相，相反，必须首先返归原初的内在性平面，在其上展布的唯有力（puissance）的涨落（augmentation ou diminution）、"过渡"（passage）与"生成"（devenir）[1]。这也是标题中出现"une vie"这个表达形式的根本原因：是"一个"（une）、而非"谁的"（sa）生命[2]，它源始、无名、涌动着变异的生成能量。最为关键的一点是，内在性所揭示的正是我们前文已经重点提及的生命的自指（self-affection）形态："绝对的内在性居于自身"（L'immanence absolue est en elle-même）。[3] 这也是"绝对的"这个修饰词的真正用意。只不过，在长篇缕述之后，阿甘本仍然还是基于其潜能概念来对绝对内在性进行阐释："一个生命……是超越一切知识的主客体的纯粹沉思（contemplation）；它是无行动地保有的

---

1 Deleuze, *Deux régimes de fous*, Les Éditions de Minuit, 2003, p. 359.
2 Ibid., p. 361.
3 Ibid., p. 360.

纯粹潜能。"[1] 即便我们不纠结"contemplation"在德勒兹哲学中的独特含义(《差异与重复》,《什么是哲学?》),但简单地将内在性与"纯粹潜能"相等同的做法仍然是有欠考虑的。当然,阿甘本这样做是为了引向他自己对赤裸生命的论证,并由此揭示对抗权力的可能契机。[2] 但德勒兹在文中对绝对内在性的描述却鲜明显示出潜在性的时间内涵:如"速度"(une vitesse infinite partout diffuse),平行共振的时间维度(des entre-temps, des entre-moments)[3],等等。

在这个意义上,或许与德勒兹的绝对内在的生命概念更为接近的仍然是福柯。诚如阿甘本在开篇就提及的一个或许并非偶然的巧合:福柯与德勒兹在生命接近终结之际都不约而同地以"生命"为主题撰写

---

[1] 阿甘本:《潜能》,王立秋、严和来等译,漓江出版社,2014年,第426页。
[2] 同上书,第424页。
[3] Deleuze, *Deux régimes de fous*, Les Éditions de Minuit, 2003, p. 360、362.

了总结性文章。只不过,德勒兹仍然致力于重新阐发其核心的内在性概念,而福柯则将敬意奉献给了他挚爱的恩师康吉莱姆:《生命:经验与科学》(*La vie: l'expérience et la science*)[1]。在这篇文稿中,福柯不仅再度明确强调了生命作为一个根本的政治问题的重要性[2],而且更是将生命的本质归结为那种"起源就带有错误的可能性"[3]。但福柯对"错误"这个概念的关注其实并非仅仅源自康吉莱姆,而更是得自他最为重要的思想源泉,即尼采。在1970—1971年的法兰西学院讲座中("Leçons sur la volonté de savoir"),他就以尼采为主题进行总结("Leçons sur Nietzsche"),其中尤其重点提及了"幻觉,错误,谎言"(illusion, erreur, mensonge)与真理之间的本质性关联。[4] 正是

---

[1] 中译本见康吉莱姆,《正常与病态》,李春译,西北大学出版社,2015年,附录1。
[2] 康吉莱姆:《正常与病态》,李春译,西北大学出版社,2015年,第274页。
[3] 同上书,第276页。
[4] Foucault, *Leçons sur la volonté de savoir*, Seuil/Gallimard, 2011, p. 208.

这些"不确定的"要素("l'indéfini du vrai")使得真理在本原上呈现为一个创造性的"事件"。也正是在这个本原之处,我们得以重新思索阿甘本在 stasis 之中、德勒兹在战争机器之中所深刻启示的主体化的"新模式"。

而生命作为潜能(阿甘本),生命作为潜在(德勒兹),生命作为错误(福柯),或许在今天仍然是引领我们深思生命政治的三条基本线索。